fritz-kola

www.kiezkueche.com

KIEZKÜCHE

// REFUGEES WELCOME

TEXT // SEBASTIAN MEIBNER, SÜNJE NICOLAYSEN, SANDRA VARTAN
DESIGN // RABEA MEYER
FOTOGRAFIE // JEAN GRAISSE, MARTIN KESS

INHALT

KIEZ KÜCHE //REFUGEES WELCOME

B
RRR

MAN NEHME...

...etwas Kleingeld mit auf den Weg in einen beliebigen, halbwegs gut sortierten Supermarkt. In der Abteilung für Fertiggerichte bitte gezielt nach rechteckig (nicht quadratisch) verpackten Pasta-Gerichten Ausschau halten. Meistens findest Du die vegetarische Teigspeise in der Auswahl Eier- oder Vollkornnudeln, liegend in den oberen Ablagen ab Brusthöhe im Regal. Aus rechtlichen Gründen möchte ich auf eine Namensnennung verzichten, aber zumindest darauf hinweisen, dass der Name der leicht zu köchelnden Leckerei mit einem M wie MIRACULIX beginnt. Begebe Dich nun mit der Packung zügig zur nächstgelegenen Kasse. Hier kommt das handwarme Kleingeld zum Einsatz. Biete es der dort sitzenden Kassiererin zum Tausch für die Nudelspeise an. Begib Dich mit dem nun rechtmäßig in Deinem Besitz befindlichen Lebensmittel nach Hause und folge den Anweisungen auf der Packung, die du unter „Zubereitung“ findest.

Wie ihr dem Text unschwer entnehmen könnt, ist die Einschätzung meiner eigenen Kochkünste als eher gering einzustufen. Kochlegastheniker wie ich gehen also – allein schon aus Überlebenswillen – viel und gern essen. Auf die Hand, in der Pappschale oder übersichtlich angeordnet auf Edelporzellan – ich habe mich auf keine spezifische Küche festgelegt. Ein multikultureller Schmelztiegel wie St. Pauli bietet mir dabei immer wieder Gelegenheit für Expeditionen zu unbekannten Köstlichkeiten von den Ufern internationaler Kochkunst, her geweht von den Schiffen des nahen Hafens und in letzter Zeit verstärkt auch von den vielen neuen Menschen in dieser Stadt: Geflüchtete, die auf der Flucht vor Krieg, Terror und Armut, in überfüllten Booten, in tagelangen Fußmärschen und in ständiger Angst in Hamburg gestrandet sind. Auf der Suche nach einem Leben in Frieden.

Die Stadt in der ich seit etlichen Jahren lebe, entwickelte sich im letzten Jahr zu einer Hochburg gelungener Willkommenskultur. Als in den Messehallen auf St. Pauli mehr als 1.000 Flüchtlinge vorübergehend untergebracht wurden, zeigte die Nachbarschaft kurzerhand wie Integration geht. Innerhalb weniger Tage und mit mehr als 1.000 freiwilligen Helfern entstand ein gigantischer logistischer Apparat, der bald die ganze Stadt begeisterte. Es wurden Kleider, Spielzeug und Shampoo gesammelt, Sprachkurse gegeben, Behördengänge begleitet. Es gab gemeinsame Fußballspiele, Partys und manchmal einfach nur eine geteilte Zigarette. St. Pauli bewies sich wieder einmal als ein Ort, an dem man sich hilft. An dem man füreinander da ist und auch fremden Menschen mit offenen Armen begegnet.

Ein wichtiges Bindeglied dabei war und ist das gemeinsame Essen. Das gemeinschaftliche Zubereiten und Teilen von Speisen, das Menschen zusammenbringt und Nähe schafft. Essen verbindet. Ich weiß, wovon ich spreche. In diesem Buch werden deshalb nicht nur zahlreiche Initiativen und Menschen vorgestellt, die sich in der Flüchtlingshilfe in besonderer Weise engagiert haben, sondern auch Rezepte, die von dieser Bewegung geprägt sind. Die Kiezküche verbindet beide Themen mit einem einfachen Konzept: Essen für mehr Frieden. Deshalb unterstütze ich – wie so viele andere Menschen auch – dieses Projekt.

Meine Papp-Pasta bleibt jetzt als Notration vorerst im Schrank. Sie kann gegen ein Rezept des eritreischen Schmortopfes nun wirklich nicht anstinken! Ach und noch was:

SAY IT LOUD – SAY IT CLEAR – REFUGEES ARE WELCOME HERE!
EUER BELA

WE CAN BE HEROES

„WIR GLAUBEN AN **BESSERE ZEITEN** UND AN **DICH**" – SO WIRBT KIEZHELDEN UM UNTERSTÜTZUNG.

PROJEKTLEITER CHRISTIAN PRÜß ÜBER DIE ZIELE DES VEREINS UND DIE UNTERSTÜTZUNG VON GEFLÜCHTETEN.

KIEZ HELDEN

FC ST. PAULI 1910

WER ODER WAS SIND DIE KIEZHELDEN UND WIE IST DIE IDEE ENTSTANDEN?

KIEZHELDEN ist die soziale Seite des FC St. Pauli und betitelt alles, was der Verein an gesellschaftlichem Engagement leistet. Entstanden ist die Idee im Jahre 2012 und wurde im Juli 2013 gestartet. Der Ansatz ist es, kleinen Ideen auf die Sprünge zu helfen, um die Welt ein Stückchen besser zu machen und sich nachhaltig im Stadtteil zu engagieren. Im Laufe der Zeit ist daraus natürlich viel mehr geworden und so beantworten und betreuen wir heute pro Jahr etwa 1.000 Anfragen an den Verein und begleiten sowie initiieren selber Projekte.

WER KANN SICH BEI EUCH BEWERBEN BZW. WIRD VON EUCH UNTERSTÜTZT?

Grundsätzlich erst einmal jeder, der sich mit den Werten des Vereins identifiziert und etwas Gutes tun möchte. Danach wird jede Anfrage nach Machbarkeit geprüft. Es gibt viele unterschiedliche Wege, wie wir Unterstutzung leisten – etwa finanziell, durch Netzwerkarbeit oder die Schaffung von Öffentlichkeit.

WELCHE PROJEKTE HABT IHR BISLANG UNTERSTÜTZEN KONNEN?

Das sind zu viele, um sie aufzuzählen. Herausragend fand ich z.B. das Engagement einer Hamburgerin, einen Flüchtlingskindergarten mitten in Beirut zu eröffnen, um Bildung vor Ort zu ermöglichen. Ebenso toll ist das Projekt „Ein Rucksack voll Hoffnung", dessen simples Prinzip es ist, gebrauchte Rucksäcke mit alltäglichen Dingen zu füllen – etwa Zahnpaste und Duschgel – und diese Beutel an Obdachlose zu verteilen. Natürlich gefallen mir auch die vielen Projekte aus der Fanszene gut. Zu guter Letzt müssen auch die Projekte genannt werden, die KIEZHELDEN als Vorreiter-Projekte sich selbst zum Vorbild genommen hat und seit dem Start dauerhaft unterstützt: "Viva con Agua", „Laut gegen Nazis", „Fanräume e.V.", „Kiezkick" und den Förderverein für ein Vereinsmuseum „1910 e.V.". Die Erfahrung zeigt: Je simpler eine Idee ist, desto größer ist der soziale Erfolg.

IHR LEISTET AUCH AKTIV FLÜCHTLINGSHILFE. WIE GENAU SIEHT DAS AUS?

Seit dem Jahr 2015 gibt es besonders viele Ideen in Zusammenhang mit der Flüchtlingshilfe. Hierzu hat sich ein Arbeitskreis gebildet, der sich aus engagierten Fans und dem Verein zusammensetzt. Allein hierüber wurden im Herbst des Jahres rund 50.000 Spenden für winterfeste Zelte für das „Refugees Welcome Karoviertel" gesammelt. Außerdem haben wir eigens eine Mitarbeiterin eingestellt, die im Verein als Koordinationsstelle für Flüchtlingsthemen fungiert. Dauerhaft bieten wir seit Herbst ein Fußball-und Sprachförderungstraining an unserem Trainingszentrum an der Kollaustraße an, das derzeit von bis zu 150 Kindern pro Woche genutzt wird. Wir haben allein in der ersten Saisonhälfte 2015/16 mehrere Tausend Freikarten nur für Geflüchtete gespendet und gemeinsam mit „Hanseatic Help e.V." verschiedene Sachspendensammlungen durchgeführt. Zudem konnten im Winter Geflüchtete im Stadion übernachten, die am Hauptbahnhof sozusagen gestrandet sind.

WIE KANN DIE BEVÖLKERUNG BEI DER FLÜCHTLINGSFRAGE AUCH LANGFRISTIG HILFE LEISTEN?

Das kann ich nur ganz persönlich beantworten. Ich denke, dass die Politik zwar sämtliche Rahmenbedingungen schaffen muss, eine echte Integration aber nur die Gesellschaft leisten kann. Jeder muss einfach ein wenig aus der Komfortzone kommen und bereit sein zu teilen. Man sollte einfach alles so machen und angehen, wie man auch selbst behandelt werden möchte. Neben humanitärer Hilfe finde ich gerade die Beseitigung sprachlicher Barrieren wichtig. Jeder sollte sich bewusst sein, dass Hilfe, in welcher Form auch immer, langfristig angelegt sein muss. Ich glaube fest daran, dass die Bundesrepublik auf lange Sicht davon profitieren wird.

„SAY IT LOUD, SAY IT CLEAR!"

BENNY ADRION // Viva con Agua Gründer

„WIR SOLLTEN UNS MÜHE GEBEN, DIE MENSCHEN WIRKLICH ZU SEHEN, UM DIE ES IN DER AKTUELLEN SITUATION GEHT UND NICHT BEI UNSERER EIGENEN ANGST STECKEN BLEIBEN. ES HILFT, WENN ES UNS GELINGT, MEHR ALS NUR UNSERE EIGENEN PROJEKTIONEN WAHRZUNEHMEN UND MENSCHLICHKEIT ZU ZEIGEN."

VALERY PEARL // Hamburger Dragqueen

„WIR ALLE SOLLTEN NICHT AUS DEN AUGEN VERLIEREN, DASS ES WICHTIG IST, WEITERHIN EINE POSITIVE WILLKOMMENS-KULTUR ZU PFLEGEN. WIR MÜSSEN DIE MENSCHEN, DIE AUF DER FLUCHT SIND, MIT OFFENEN ARMEN, LIEBE UND RESPEKT EMPFANGEN, IHNEN AUF AUGENHÖHE BEGEGNEN. SICH EINANDER DIE HAND ZU GEBEN, IST DER ERSTE SCHRITT DER INTEGRATION. UND EIN GEMEINSAMES KOCHEN ODER ZUSAMMEN ZU ESSEN VERBINDET, DENN LIEBE GEHT DURCH DEN MAGEN. JEDER VON UNS KANN HELFEN UND HELFEN KANN SEHR EINFACH SEIN."

NEVEN SUBOTIC // Fussball-Profi & Stiftungsgründer

„DIE FLÜCHTLINGSCHANCE BIETET UNS DIE MÖGLICHKEIT ZU ZEIGEN, WER WIR ALS GESELLSCHAFT SIND UND WER JEDER SELBST IST, DENN JEDER HAT DIE CHANCE, SICH ZU ENGAGIEREN UND SEINEN TEIL BEIZUTRAGEN. DANN IST ES KEIN PROBLEM MEHR, SONDERN WIR FREUEN UNS SPÄTER DARÜBER, WAS WIR HEUTE GEMEINSAM GELEISTET UND ERREICHT HABEN."

TALCO // Italienische Ska-Punk-Band

„POPOLI E CITTÀ SFRACELLATI VIA
DAL FANTASMA DELLA GUERRA E DELL'ECONOMIA
NELLA MIA CITTÀ IO PORTO UMANITÀ
GIORNATE MUTILATE DALLA VOSTRA CIVILTÀ"

TEXTAUSZUG AUS „COMBAT CIRCUS", 2006

ALEX MOFA GANG // Berliner Garage-Pop-Band

„DAS IST MAL EINE AKTION NACH UNSEREM GESCHMACK! WIE KÖNNTE MAN BESSER GRENZEN EINREISSEN UND KULTUREN ZUSAMMENBRINGEN ALS MIT GUTEN REZEPTEN, GEMEINSAMEN KOCHEN UND ESSEN?! BUNT, WILD UND LECKER! GENAU ZUR RICHTIGEN ZEIT, WO ES AN SO VIELEN DEUTSCHEN TISCHEN NUR NOCH „BRAUNE SOßE" ZU GEBEN SCHEINT. GUTEN APPETIT!."

OCTOPIZZO // afrikanischer Rapper

„CULTURE, MUSIC & ART MAKES PEOPLE UNDERSTAND EACH OTHER. AND IF THEY UNDERSTAND EACH OTHER BETTER IN THEIR SOUL, IT IS EASIER TO OVERCOME THE ECONOMIC AND POLITICAL BARRIERS. BUT FIRST THEY HAVE TO UNDERSTAND THAT NEIGHBOURS ARE, IN THE END, JUST LIKE THEM, WITH THE SAME PROBLEMS AND THE SAME QUESTIONS."

KNACKEBOUL // Schweizer Rapper

„WAS WÄRE, WENN DIE FLÜCHTLINGE FÜR UNS KEIN PROBLEM DARSTELLEN, SONDERN WIR IN DEN BOOTEN DEN NÄCHSTEN POTENZIELLEN NOBELPREISTRÄGER ODER SCHACHWELTMEISTER ERKENNEN WÜRDEN."

SLIME // Hamburger Punk-Band

„ES IST SEHR EINFACH, ES LIEGT AUF DER HAND: DIESE MENSCHEN KOMMEN HIER IN „UNSER LAND", WEIL WIR SIE UM DAS IHRE BETROGEN, ES IHNEN ABGENOMMEN UND AUSGESOGEN. SIE FOLGTEN IHREM GESTOHLENEN LEBEN, WAS UNS REICH GEMACHT UND ÜBERFLUSS GEGEBEN."

TEXTAUSZUG AUS „GOLDENE TÜRME", 1994

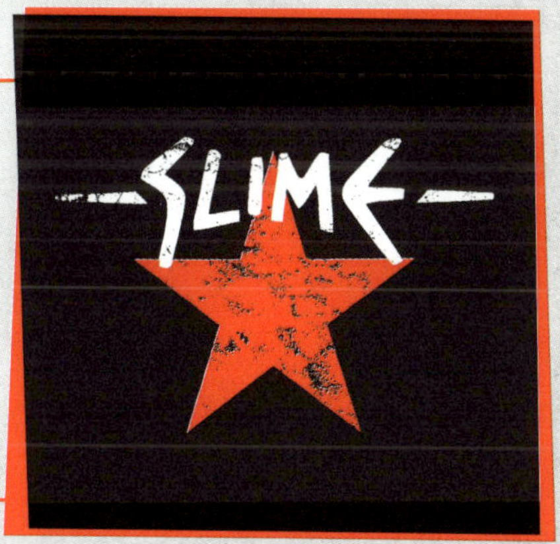

MAIK NÖCKER // Moderator Sky und Millerntorlive

„ES IST DIE VERDAMMTE PFLICHT UNSERER GENERATION, DEN GLOBALEN HERAUSFORDERUNGEN VOR ALLEM MIT MENSCHLICHKEIT UND TOLERANZ ZU BEGEGNEN. HERAUSFORDERUNGEN, DIE EHER MEHR ALS WENIGER WERDEN. IM ÜBRIGEN HEISST ES IN ARTIKEL 1 GG „DIE WÜRDE DES MENSCHEN IST UNANTASTBAR.". NICHT DES DEUTSCHEN ODER DES EUROPÄERS. DES MENSCHEN."

BOHCA & SIGARA BÖREGI

TÜRKISCHE TEIGTASCHEN MIT KÄSE-KRÄUTER-FÜLLUNG

Türkisches Fingerfood: Die knusprigen Teigtaschen lassen sich perfekt zwischendurch snacken oder als Hauptspeise genießen. Neben der klassischen Variante mit Schafskäse können sie auch mit vielen anderen Zutaten gefüllt werden – zum Beispiel mit Spinat oder Hackfleisch.

ZUTATEN FÜR 4 PERSONEN

200 *gramm* WEICHER SCHAFSKÄSE ODER FRISCHKÄSE
1 *Bund* GLATTE PETERSILIE
1 *Bund* DILL
2 *Zweige* FRISCHE MINZE
500 *ml* SONNENBLUMENÖL *zum Frittieren*

FÜR SIGARA BÖREGI

2 *Yufka*-TEIGBLÄTTER

FÜR BOHCA

1 *Pack* BLÄTTERTEIG (TK)
1 Ei*gelb*
etwas SCHWARZEN SESAM

Den Frischkäse oder Schafskäse in eine Schüssel geben und mit der Gabel fein zerdrücken. Die Kräuter waschen, trocken schütteln und die Blätter fein hacken. Danach die gehackten Kräuter unter den Käse mischen.

Für die Sigara Böregi die Yufka-Teigblätter auf einer Arbeitsfläche ausbreiten und übereinander legen. Dann mit einem scharfen Messer erst in Viertel und danach jedes Viertel wie Tortenstücke in drei gleich große Stücke schneiden. Anschließend die Dreiecke zu zwei Stapeln aufeinander legen.

Die Teigdreiecke mit etwas Wasser bepinseln und anschließend auf jedes Blatt 1 bis 2 Teelöffel der Käsefüllung geben. Die Ecken rechts und links einklappen und den Teig wie Zigaretten von der breiten Seite bis zur Spitze hin fest aufrollen. Die Spitzen mit etwas Wasser an die Röllchen kleben. Danach in einer Pfanne 3 bis 4 cm hoch Öl einfüllen und gut erhitzen. Die Röllchen darin rundum gold-braun braten, auf Küchenpapier entfetten und dann heiß servieren.

Für die Bohca den Blätterteig auftauen lassen und mit einem Nudelholz ausrollen. Anschließend auf jedes Blatt 1 bis 2 Teelöffel der Käsecreme geben. Die Ecken übereinander schlagen und an den Enden etwas zusammendrucken. Danach die Dreiecke mit etwas Eigelb bestreichen und etwas Sesam darauf geben. Anschließend im Backofen bei 180° C etwa 10 bis 15 Minuten goldbraun backen.

Als Getränk dazu passt Raki mit Eiswasser verdünnt oder türkischer Schwarztee.
AFIYET OLSUN - ***guten Appetit!***

AUF EINE TASSE *Tee oder Schokolade*

REPORT SAMI KHOKHAR

Leichter Nieselregen, 3 Grad - ungemütlicher kann es kaum sein. In den grauen, doppelstöckigen Containerbauten wird abends in der Schnackenburgallee der Unterrichtsraum umfunktioniert, eine Tischreihe wird zum Tresen ernannt und unter grellem Neonlicht werden Teekocher aufgereiht. Es dauert nicht lange, dann füllt sich der Raum mit Kindern, die eifrig beim Auspacken der gespendeten Süßigkeiten anpacken. Einweghandschuhe sind für Helfer Pflicht, für die Kinder ein großer Spaß. Die kleinen Hände in den übergroßen Latexhandschuhen sortieren Süßigkeiten auf den Papptellern.

Taxifahrer, Verwaltungsangestellte, Jugendliche, Rentner: Sie alle organisieren sich über Facebook und packen nach Feierabend an, um mit dem Teemobil in den Hamburger Erstaufnahmelagern etwas Normalität und Geselligkeit auf die Beine zu stellen. Die Zügel in der Hand hat Sami Khokhar. Der Familienvater mit Vollzeitjob hat das Projekt ins Leben gerufen, ist fast jeden Abend mit dem Teemobil unterwegs, kümmert sich um die Verteilung der Spenden und beantwortet Anfragen per Mail und auf Facebook.

Entstanden ist die Idee während Samis Engagement im Versorgungszelt für die Flüchtlinge am Hauptbahnhof. "Was ich da jeden Tag erlebt habe, werde ich nie vergessen. Ich konnte meine Abendschichten nie ohne das Gefühl beenden, dass gerade dann eine Familie ankommt und Hilfe benötigt", erinnert er sich. Um sich ein eigenes Bild vom zentralen Erstaufnahmelager in Harburg zu machen, fuhr er Anfang Oktober hin und stellte fest, dass hunderte Flüchtlinge weitestgehend auf sich allein gestellt waren. Es gab die Grundversorgung und das war es. Ein Anruf beim Vorstand seiner Gemeinde Ahmadiyya Muslim Jamaat, einer islamischen Reformgemeinschaft, schon war ein Teekocher organisiert. Gekocht wurde das Wasser beim Pizzaservice des Cousins um die Ecke. Auf das Gelände der Flüchtlingsunterkunft durfte Sami nicht, aber direkt vor dem Eingang schenkte er von nun an abends heißen Tee aus, tatkräftig unterstützt von Mitgliedern der Gemeinde.
So fing es an: ohne Zutritt ins Camp, ohne Tisch. Mittlerweile gibt es das Teemobil in knapp zwanzig Unterkünften, größtenteils organisiert in Facebook-Gruppen. Wer mitmachen oder etwas spenden möchte, meldet sich an. Auch Spenden-Aufrufe findet man hier. Kurz nach dem Aufruf, dass Geldspenden für einen Transporter benötigt werden, stand Samis Handy nicht mehr still: "Ständig kam eine Nachricht von Paypal, dass jemand das Projekt finanziell unterstützen möchte." Nach wenigen Tagen sind über 5000 Euro zusammengekommen, seitdem versorgt ein richtiges Teemobil die Einsatzorte. Wenn es keinen geeigneten Raum gibt, wird direkt aus dem Transporter heraus Kakao und Tee ausgeschenkt.

In Reih und Glied

Das Buffet ist eröffnet. Der syrische Bewohner Nicolaus ordnet geduldig das Kinderchaos. "In einer Reihe hinter den Stühlen aufstellen und dann nacheinander acht Teile aussuchen." Das klappt und Schokoladentäfelchen, Lollis, Bonbons aber auch Obst werden vorsichtig in Servietten eingewickelt. Mittlerweile sind auch Erwachsene eingetrudelt. Es gibt heißen Kakao und Tee, der dampfend in Plastikbecher gefüllt wird. Ausgewählt wird mit einem Fingerzeig, manchmal auf Deutsch oder Englisch. Simon und Nils, eigentlich Schiffführer auf der Elbe, nehmen den Andrang mit norddeutscher Gelassenheit, zapfen literweise heiße Schokolade und Tee. "Ich bin kein übereifriger Ehrenamtlicher, der jeden Tag hilft, aber ich packe ein, zwei Mal die Woche an.", erklärt Nils und schiebt die Zuckertüte Richtung Kinderhand "Joah, nimm man noch'n Löffel."

"Danke, dass ihr hier seid." Der 20-Jährige Ali aus Afghanistan erzählt er von seinem Leben im Iran. "Meine Familie und ich sind Christen und mussten in den Iran fliehen, aber auch dort ist es schwierig mit

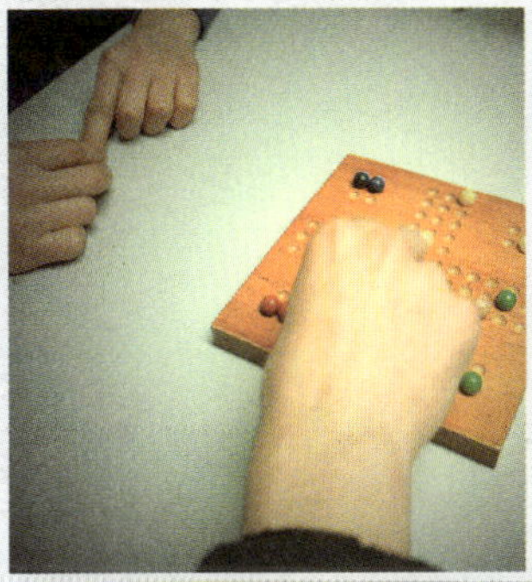

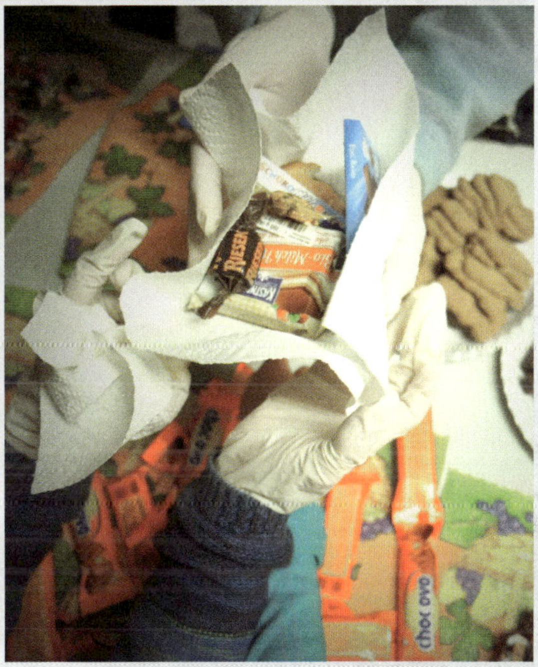

unserer Religion. Ich habe Chemie studiert, es gab stets Probleme. Also bin ich vor drei Monaten geflohen." Seitdem sitzt er jeden Tag auf seinem Bett und lernt Deutsch über eine App. "Als Afghane darf ich an den Sprachkursen nicht teilnehmen", erklärt er in einfachem, aber fast fehlerfreiem Deutsch. Und so dreht sich beim Teemobil nicht alles um das heiße Getränk. Der Abend ist auch dazu da, bei Gesprächen oder einer Partie ‚Mensch-Ärger-dich-nicht' in Kontakt zu kommen und einfach mal das Drumherum für einen Augenblick zu vergessen.

Nach zwei Stunden verstaut Sami Milchpakete im Teemobil. Der Transporter ist ausgestattet mit Ablagen und einer Arbeitsfläche und verfügt sogar über einen Stromanschluss. Kaum zu glauben, dass alles mit einem geliehenen Teekocher angefangen hat. Auch heute wird Sami erst spät zu seiner Familie heimkommen. "Am Hauptbahnhof war ein Vater, der einen Kinderwagen schob, in dem seine drei Kinder übereinander gestapelt schliefen. Diesen Anblick werde ich nie vergessen. Ich kann abends meine Kinder zudecken, wenn die Decke verrutscht ist, ich kann die Heizung im Kinderzimmer hochdrehen, weil ich die Wahl habe. Dieser Mann konnte das nicht.", erinnert sich der Vater von drei Kindern. "Man denkt einfach mal drüber nach, wie gut es einem geht."

MÜCVER

TÜRKISCHE ZUCCHINIPUFFER MIT KÄSECREME

Die knusprigen Gemüsepuffer sind eine beliebte Vorspeise und in der Türkei ein fester Bestandteil von traditionellen Mezze-Tafeln. Mücver lassen sich sowohl warm als auch kalt genießen.

ZUTATEN FÜR 4 PERSONEN

FÜR DIE ZUCCHINIPUFFER

1 *kg* DÜNNE ZUCCHINI
1 *TL* SALZ
3 FRÜHLINGSZWIEBELN
1/2 *Bund* DILL
1/2 *Bund* GLATTE PETERSILIE
5 *EL* MEHL
3 EIER
etwas SALZ & PFEFFER AUS DER MÜHLE
100 *ml* ÖL *zum Braten*

FÜR DIE KÄSECREME

100 *gramm* FETAKÄSE [MILD]
200 *gramm* TÜRKISCHER ODER GRIECHISCHER JOGHURT [6-10% FETT]
3 *Zweige* FRISCHE MINZE
etwas SALZ & PFEFFER AUS DER MÜHLE
etwas OLIVENÖL

Die Zucchini waschen, die Enden abschneiden und die Schale leicht abschaben. Dann grob in eine Schüssel raspeln und mit dem Salz etwa 20 Minuten ziehen lassen. Anschließend die Zucchini in einem Sieb abtropfen lassen und die Flüssigkeit gut ausdrücken.

Die Frühlingszwiebeln waschen und in dünne Ringe schneiden. Den Dill und die Petersilie ebenfalls waschen, trocken schütteln und fein hacken. Die Hälfte beiseite stellen, die andere Hälfte mit dem Mehl und den Eiern unter die Zucchini mischen und mit Salz und Pfeffer abschmecken. Anschließend In einer Pfanne reichlich Öl erhitzen. Aus je einem Esslöffel Zucchinimasse nach und nach kleine Küchlein formen und diese goldbraun braten. Danach die Bällchen auf Küchenpapier abtropfen lassen.

Für die Käsecreme den Feta in einer Schüssel mit der Gabel fein zerdrücken. Dann den Joghurt unterrühren. Die Minze waschen, trockenschütteln, hacken und ebenfalls zur Creme geben. Danach die Zitrone fein abreiben und hinzufügen. Die Käsecreme mit etwas Salz und Pfeffer abschmecken und mit etwas Olivenöl beträufeln. Wer mag, kann auch noch Knoblauch hinzugeben. Die Käsecreme zu den Zucchinipuffer reichen.

TÜRLÜ

ANATOLISCHER BAUERNTOPF

Türlü heißt übersetzt so viel wie Potpourri – eine passende Bezeichnung für den türkischen Eintopf mit feinem Rind- oder Lammfleisch und jeder Menge Gemüse.

ZUTATEN FÜR 4 PERSONEN

1 ZUCCHINI
1 AUBERGINE
300-400 *gramm* SCHNEIDEBOHNEN
3 KARTOFFELN
1-2 ZWIEBELN
1 KNOBLAUCH*zehe*
1 PAPRIKA
300-400 *gramm* LAMM- *oder* RINDFLEISCH
2 PEPERONI
etwas ÖL
1 *EL* TOMATENMARK
1 *EL* PAPRIKAMARK
1 *TL* PAPRIKAGRANULAT [PAPRIKA GETROCKNET]
etwas SALZ & PFEFFER AUS DER MÜHLE
400 *ml* GEMÜSEBRÜHE
200 *ml* PASSIERTE TOMATEN

Die Zucchini und Aubergine waschen und in Würfel schneiden. Die Bohnen säubern und klein schneiden. Dann die Kartoffeln schälen und in Würfel schneiden. Die Zwiebeln und den Knoblauch fein hacken, die Paprika in Stücke schneiden. Das Lamm- oder Rindfleisch und die Peperoni ebenfalls zerkleinern.

Das Fleisch in einem großen Topf in ausreichend Öl anbraten und die Zwiebeln dazugeben. Nach etwa 5 Minuten die Bohnen dazugeben und mit geschlossenem Deckel bei schwacher Hitze 15 bis 20 Minuten köcheln lassen. Danach Kartoffeln, Peperoni, Tomatenmark, Paprikamark, Salz, Pfeffer und Paprikagranulat hinzufügen und alles bei geschlossenem Topf weiter schmoren lassen. Etwas später die Zucchini und die Aubergine dazugeben, mit der Brühe und den passierten Tomaten übergießen, alles gut verrühren und abgedeckt 30 bis 45 Minuten köcheln lassen. Bei Bedarf später noch etwas Wasser hinzufügen.

Dazu schmeckt Fladenbrot und Ayran.

INTERVIEW MIT… DUNJA HAYALI

JOURNALISTIN UND FERNSEHMODERATORIN

1 // DU BIST IN DEUTSCHLAND GEBOREN, DEINE ELTERN STAMMEN JEDOCH BEIDE AUS DEM IRAK. DENKST DU, ES WAR FRÜHER EINFACHER SICH ZU INTEGRIEREN ALS HEUTE? HATTEN DEINE ELTERN UNTERSTÜTZUNG?

Das liegt immer an den Personen selbst. Wer offen ist, dem wird auch (meistens) mit Offenheit begegnet.

2 // KANNST DU DICH DARAN ERINNERN, DASS ES IN DEINER KINDHEIT PROBLEME GAB AUFGRUND DER HERKUNFT DEINER ELTERN?

Nein. Vor ein paar Jahren, als mein Migrationshintergrund in den Medien ein großes Thema war, habe ich mal meine Freunde gefragt, wie das früher so war, ob sie etwas komisch fanden. Ihre Antwort: „Nee, bis auf Euer Haus und das Essen natürlich. Das war anders. Aber lecker!"

3 // DU ENGAGIERST DICH SEIT VIELEN JAHREN GEGEN RASSISMUS: GAB ES EIN SCHLÜSSELERLEBNIS FÜR DEINEN EINSATZ UND WIE VERFOLGST DU DIE AKTUELLE SITUATION?

Ich habe mich schon immer eingesetzt oder auch eingemischt. Selbst wenn es zu einer Schlägerei kam, bin ich dazwischen gegangen: denn Reden hilft mehr als Fäuste.

4 // DU BIST SEIT VIELEN JAHREN ALS JOURNALISTIN TÄTIG, WÜRDEST DU TROTZDEM SAGEN, DASS ES SEIT DEINER INTERVIEWREPORTAGE AUF DER ERFURTER AFD-DEMONSTRATION EINE ANDERE WAHRNEHMUNG DEINER PERSON GIBT?

Was ich erstaunlich finde, ist, dass mir unterstellt wird, ich würde gegen die AfD hetzen oder sie schlecht beziehungsweise nicht fair behandeln. Und genau das tue ich ganz und gar nicht. Übrigens von Anfang an nicht. Es ist unsere Pflicht, mit demokratisch gewählten Parteien zu reden. Mir geht es um Inhalte, nicht um die Partei an sich.

5 // IM NACHGANG DIESER REPORTAGE HAST DU DIE GOLDENE KAMERA ERHALTEN IN DER KATEGORIE „BESTE INFORMATION". DEINE DANKESREDE IST MITTLERWEILE LEGENDÄR UND IM PUBLIKUM GAB ES STANDING OVATIONS VERSCHIEDENSTER PROMINENTER. GIBT ES NICHT EIGENTLICH ZU WENIG ÖFFENTLICHKEITSWIRKSAME PERSONEN, DIE SICH ENGAGIEREN?

Gegen Rassismus engagieren sich doch einige. Schaut euch zum Beispiel den Spot der FIFA an, den es seit Jahren gibt. Und die Auszeichnung gab es für verschiedene Projekte, die ich im vergangenen Jahr gemacht habe. Dazu zählt u.a. der Donnerstalk, die Reise in den Irak und natürlich meine Arbeit im Morgen-Magazin.

6 // GERADE IN DEUTSCHEN GROßSTÄDTEN PROFITIEREN WIR VON DER UNGLAUBLICHEN VIELFALT AN INTERNATIONALER RESTAURANTS UND KULTUREN. AN WELCHE GERICHTE AUS DEINER KINDHEIT ERINNERST DU DICH GERNE ZURÜCK UND KOCHST DU SELBST AUCH GERN IRAKISCHE REZEPTE?

Dolmar, arabisches Hähnchen, die Gehacktes Platte, Kabab – super lecker, aber leider alles mit Fleisch... Und da ich kein Fleisch mehr esse... Aber wenn es jemand so zubereiten würde, wie meine Mama es früher gemacht hat, dann würde ich eine Ausnahme machen.

7 // ALS JOURNALISTIN BIST DU OFT UND ZU VERSCHIEDENSTEN ZEITEN UNTERWEGS. WIE ERNÄHRST DU DICH AUF DEINEN EINSÄTZEN UND WAS GIBT ES IN DER ZDF-KANTINE ZUR MITTAGSPAUSE?

Da bin ich dann zum Glück schon wieder im Bett. Ansonsten gibt es zum Frühstück ordentliche Stullen oder im Sommer auch Müsli und abends viel Salat. Auf meinen Reisen versuche ich, das zu essen, was landestypisch ist. Darum geht es doch auch auf Reisen: Neues kennenlernen, offen sein, ausprobieren, entdecken...

MAMAS HACKPLATTE

HACKAUFLAUF MIT PAPRIKA, TOMATEN UND REIS

Die Moderatorin Dunja Hayali hat uns dieses Rezept aus ihrer Kindheit beigesteuert. Ihr Kommentar dazu: „Als Vegetarierin kann ich das zwar nicht mehr gut heißen, aber man könnte es ja auch mit Veggie-Ersatzprodukten versuchen.“ Egal wie, das Gericht lässt sich einfach zubereiten und schmeckt mit oder ohne Fleisch.

ZUTATEN FÜR 4 PERSONEN

8 MITTELGROßE TOMATEN

je 1 rote, gelbe & grüne PAPRIKA

5 ZWIEBELN

1 KNOBLAUCH*zehe*

1 *kg* HACKFLEISCH [GEMISCHT ODER ERSATZWEISE VEGGIE-HACK]

etwas SALZ & PFEFFER AUS DER MÜHLE

etwas CURRY

etwas BUTTER

FÜR DIE SAUCE

160 *gramm* TOMATENMARK

etwas SALZ & PFEFFER AUS DER MÜHLE

600 *ml* FLÜSSIGKEIT VOM HACKBRATEN [WIRD BEIM BACKEN ENTNOMMEN]

Die Tomaten und Paprikas entkernen und in Würfel schneiden. Dann die Zwiebeln und den Knoblauch schälen und klein hacken. Danach mit dem Hackfleisch in einer Schüssel vermengen, mit den Gewürzen gut abschmecken und in eine runde (am besten arabische) Auflaufform geben. Zum Schluss kleine Butterflöckchen drauf verteilen und bei 180° C circa 30 Minuten backen.

Für die Sauce das Tomatenmark in eine Schüssel geben und mit Wasser so verdünnen, dass eine nicht zu dünne Sauce entsteht. Am Besten dafür die Flüssigkeit, die sich beim Backen gebildet hat, abschöpfen, in die angerührte Tomatensauce geben und gut verrühren. Danach die Sauce würzen, über das Gehackte geben und nochmals 15 Minuten backen.

AYRAN

TÜRKISCHER JOGHURTDRINK

Das erfrischende Getränk stammt aus Anatolien und dem Kaukasus und wird auf der Basis von Joghurt, Wasser und Salz zubereitet. Es wird meistens zum Essen gereicht und ist auch hierzulande beliebt. In türkischen Restaurants wird es oft frisch gezapft mit seiner typischen Schaumkrone serviert.

Unser Rezept stammt von Yasser, der in Aleppo zur Schule gegangen ist, bevor er nach Deutschland kam.

ZUTATEN FÜR 4 KLEINE GLÄSER

200 *gramm* JOGHURT
[AM BESTEN AUS KUH- ODER SCHAFMILCH, 3,5% FETT]

400 *ml* WASSER

1 *Prise* SALZ

Den Joghurt mit dem Wasser vermengen, je nach Geschmack Salz dazugeben und mit einem Schneebesen oder einem Milchaufschäumer alles zusammen so lange aufschlagen, bis eine Schaumkrone entsteht.

Dann den Ayran in Gläser füllen und kalt servieren.

SYRISCH AUFGETISCHT
statt deutscher Grammatik

Bulgur, Lamm und jede Menge Gewürze: Wie groß der Sehnsuchtsfaktor nach typisch syrischer Küche ist, zeigt sich im Deutsch-Unterricht als wir über Rezepte aus der Heimat sprechen. Jeder lädt mit leuchtenden Augen Rezeptbilder auf das Handy-Display, zeigt es in die Runde. Dabei sieht ein Gericht leckerer aus als das andere. "Eure deutsche Küche ist sehr cholesterinreich", stellt Wael unmissverständlich fest. "Die syrische Küche ist nicht nur köstlich, sondern auch viel gesünder." Und so entsteht die Idee anstatt der Unterrichtsstunden mit Personalpronomen im Akkusativ und veränderter Wortstellung im Nebensatz, einen Tag in der Futterstube der Kiezküche zu verbringen, um zusammen syrisch zu kochen.

Ein paar Tage, konkrete Rezept-Vorschläge und eine Liste an Zutaten-Wünschen später ist es dann so weit. Einzige Bedingung: Es wird möglichst viel Deutsch gesprochen. "Wenn ich Hunger habe, koche ich am besten", verkündet Ayham und sucht sich zielstrebig die Zutaten für sein Lieblingsgericht zusammen: Mlehie, ein Rezept aus seiner Heimat Südsyrien, für das Bulgur in einer Art Joghurtsuppe gegart und mit Huhn serviert wird. Die Köche der Kiezküche kramen die gewünschten Kochutensilien in den Regalen und Schränken hervor. Nunu, ein Kiezküche-Mitarbeiter, erklärt währenddessen das deutsche Wort 'Schneebesen'.

Amothana übernimmt den Klassiker: mit Hack gefülltes Gemüse, das in einem Sud gegart wird. "Ihr habt viel zu große Zucchinis in Deutschland", stellt er erstaunt fest, während er Paprikaschoten, Tomaten und Zuccini aushöhlt. "Zuhause in Syrien sehen sie ganz anders aus." Neben ihm bereitet das Mutter-Sohn-Team Muna und Yassir die Kibbeh, gefüllte Hackklöße mit Bulgur und einen orientalischen Salat zu. Mohammad springt ein und übernimmt die Mammutaufgabe, den Bulgur und das Hackfleisch im Mörser zu einem sehr feinen Brei zu zerstampfen. Er wird am nächsten Tag jeden Muskel in seinen Händen spüren. Dann formt Muna mit gekonnten Handgriffen akribisch genau die Klöße in der traditionellen ovalen Form.

Über vier Stunden lang wird gerührt, geschnippelt, beratschlagt und gelacht. Nebenbei werden neue Vokabeln dekliniert, konjugiert und notiert. Es duftet in der ganzen Küche und es lässt sich bereits ahnen, was für ein leckeres Abendessen uns erwartet. Nun nur noch die Kibbeh-Klöße fritieren – das übernehmen Muna und Imad draußen im Foodtruck. Wir dürfen in der Februarkälte schon mal probieren. Dann werden im Restaurant drei Gerichte und ein kunstvoll angerichteter Salat aufgetischt, dazu ein Glas frisch angerührter Ayran aus Joghurt, Wasser und Salz für jeden. "Das trinken wir daheim zu fast allen Mahlzeiten. Probier mal", fordert Imad auf. Und dann wird in der Großen Elbstraße Abendbrot mit syrischen Gerichten und einem Gefühl von Heimat gegessen, geredet wird dabei kaum, aber umso mehr genossen und gelächelt.

KIEZKÜCHE
ROADSIGN
australia

KIBBEH

ARABISCHE LAMMFRIKADELLEN MIT BULGUR UND NÜSSEN

Die arabischen Fleischbällchen sind im Nahen Osten weit verbreitet. In Syrien ist vor allem die Stadt Aleppo für sie berühmt. Die eierförmigen Klöße dürfen beim Bayram Fest und anderen besonderen Anlässen nicht fehlen. Ihr Name Kibbeh – vom arabischen ***kubba*** – steht für Kugel.

Unser Rezept stammt von Muna und Yasser. In seiner Heimatstadt Aleppo ist Yasser zur Schule gegangen. Muna ist Hausfrau.

ZUTATEN FÜR 4 PERSONEN

50 *gramm* MANDELN

50 *gramm* PISTAZIEN [AM BESTEN GESCHÄLT]

50 *gramm* PINIENKERNE

6 ZWIEBELN

1 *kg* GEHACKTES LAMMFLEISCH

1 *kg* BULGUR [FEIN, AM BESTEN KÖFTELIK BULGUR]

1/2 *kg* LAMMFLEISCH

ca. 1 *Liter* HEISSES WASSER

1 *Liter* SPEISEÖL

etwas SALZ & PFEFFER AUS DER MÜHLE

Zuerst die Mandeln, Pistazien und Pinienkerne fein hacken. Dann die Zwiebeln schälen und die Hälfte klein schneiden. Anschließend etwas Öl in einer Pfanne erhitzen und das gehackte Lammfleisch zusammen mit den Zwiebeln und den Nüssen darin anbraten. Danach die angebratene Fleischmischung beiseite stellen.

Den Bulgur im kalten Wasser etwa 10 Minuten quellen lassen, bis das Wasser vollständig aufgesogen ist. Inzwischen die restlichen Zwiebeln reiben. Den eingeweichten Bulgur zusammen mit dem Lammfleisch zweimal durch die feine Scheibe des Fleischwolfs drehen oder im Mixer fein zerkleinern. Dann Zwiebeln, Salz und Pfeffer unter die Fleischmasse mengen.

Anschließend aus dem Fleischteig flache Scheiben formen, etwas von der gebratenen Fleisch-Zwiebel-Füllung darauf setzen und die Füllung gut mit der Bulgur-Fleisch-Mischung umschließen.

In einer Pfanne reichlich Öl erhitzen und die Kibbeh darin bei mittlerer Hitze goldbraun braten. Alternativ kann man sie auch frittieren. Zum Schluss die Fleischbällchen auf Küchenpapier abtropfen lassen und auf einem Teller anrichten.

MÄHSCHI

GEFÜLLTES GEMÜSE MIT HACKFLEISCH

Almothana aus der syrischen Stadt Deir ezz-Zor hat uns dieses Rezept beigesteuert. Der medizinische Labortechniker hat das Gericht früher immer zusammen mit seiner Familie zubereitet. Nach der Arbeit ist er auf den Markt gegangen, um alle Zutaten frisch einzukaufen. Wichtig ist für ihn auch die Größe des Gemüses.

ZUTATEN FÜR 4 PERSONEN

350 *gramm* REIS

1 *kg* ZUCCHINI [AM BESTEN KLEINE SYRISCHE ZUCCHINI]

1 *kg* PAPRIKA

1 WEISSKOHL

1 *kg* TOMATEN

10 KNOBLAUCHZEHEN

4 *EL* FRISCHE MINZE

1/2 *kg* GEHACKTES LAMM- ODER RINDFLEISCH

7 *EL* TOMATENMARK

2 *gramm* SCHWARZER PFEFFER

2 *TL* SALZ

Den Reis mehrmals waschen und anschließend ca. 30 Minuten in eine Schüssel mit Wasser geben. Währenddessen die Zucchini waschen, halbieren und jeweils zwei dickere Scheiben abschneiden, um diese später als Deckel verwenden zu können. Dann das Gemüse aushöhlen. Das herausgelöste Fruchtfleisch zur Seite stellen.

Die Paprika waschen, die Deckel der Schoten abschneiden, aufheben und die Kerne und Innenhäute der Schoten entfernen. Die Weißkohlblätter vom Strunk entfernen und kurz in heißem Wasser blanchieren, damit sie sich gut einrollen lassen. Die Tomaten waschen, den Deckel mit einem Tomatenmesser abschneiden und aufheben. Dann die Frucht mit einem Löffel aushöhlen und das Fruchtfleisch aufheben. Anschließend den Knoblauch fein hacken oder durch eine Knoblauchpresse drücken. Die Minze waschen und fein hacken. Danach den gewaschenen Reis abgießen und zusammen mit dem Hackfleisch, der Minze, zwei Esslöffeln Tomatenmark und etwas Salz und Pfeffer vermengen.

Nun das Gemüse mit dem Reis-Hack-Gemisch füllen. Wichtig ist dabei, nicht den ganzen Hohlraum auszufüllen, da der Reis sich beim Kochen noch ausdehnt. Danach etwas Reis-Hack-Gemisch auf die einzelnen Weißkohlblätter geben und einrollen. Die Zucchini, Paprika und Tomaten mit den Deckeln und Scheiben schließen. Nun das vorbereitete Gemüse in einem großen Topf schichten, das herausgelöste Fruchtfleisch und das restliche Tomatenmark in die Zwischenräume geben. Zum Schluss so viel Wasser hinzugeben, dass alles gut bedeckt ist und das Gemüse mit einem umgedrehten Teller und einer Schüssel beschweren, so dass es nicht zerfällt. Das Wasser zum Kochen bringen und das Gemüse anschließend 45 bis 60 Minuten garen. Zum Schluss das Gemüse anrichten und zusammen mit etwas Brühwasser servieren. Dazu passt dünnes Fladenbrot.

über den Tellerrand KOCHEN

KOCHEN VERBINDET, BRINGT MENSCHEN UND KULTUREN ZUSAMMEN. WER GEMEINSAM KOCHT UND ISST, ÜBERWINDET GRENZEN UND SCHAFFT VERTRAUEN.

Überzeugt davon und weil sie das Thema Flucht und Asyl aus einem anderen Blickwinkel betrachten wollten, haben die Studenten Ninon, Gerrit, Bontu und Caro 2013 die Idee entwickelt, ein Kochbuch herauszubringen, das Rezepte von Flüchtlingen aus aller Welt vereint und ihre ganz persönlichen Geschichten erzählt.

In wenigen Wochen wurde das Buch fertiggestellt, mit dem Ende des als Uniprojekt gestarteten Vorhabens ging es aber eigentlich erst richtig los. Viele weitere Initiativen und Projekte sind entstanden, mittlerweile findet der Verein „Über den Tellerrand kochen" nicht nur in Berlin viel positive Beachtung. Mit Kochkursen und kulturellen Programmen schafft es der in Kreuzberg ansässige Verein, Flüchtlinge und Beheimatete auf Augenhöhe zusammenzubringen.

Das Thema ist nun einige Jahre später aktueller denn je und trägt einen großen Teil dazu bei, dass Flüchtlinge eine Anlaufstelle und gleichzeitig Anschluss und Bekanntschaften finden.

In den letzten Jahren wurden viele exotische Speisen zusammen zubereitet und gegessen. Dem Buch folgten regelmäßige Kochkurse, die von Geflüchteten aus unterschiedlichen Ländern gehalten werden. Dabei bereiten begabte Hobbyköche wie der frühere Arabischlehrer Moder aus Syrien oder der ehemalige Schumacher Reza aus Afghanistan mit bis zu 15 Gästen typische Gerichte aus ihren Heimatländern zu und erzählen aus ihrem Land und von ihrer Kultur. Die ursprünglich Fremden lernen sich bei einem entspannten Abendessen kennen und tauschen sich in ungezwungener Atmosphäre aus.

Vorrangig geht es bei allen Aktionen des Vereins darum, etwas an die Gemeinschaft weiterzugeben. So gibt es mittlerweile ein Urban Gardening Projekt, eigene Sprachkurse und regelmäßige Community-Events. „Unsere Treffen finden alle zwei Wochen statt. Es haben sich daraus schon viele Freundschaften entwickelt. Viele Leute verabreden sich auch außerhalb unseres Sharehouses", erzählt Raffael Strasser, der den Verein mit aufgebaut hat und hauptberuflich für ihn arbeitet.

GERADE DAS AUS DEM VEREIN ENTSTANDENE FUSSBALLPROJEKT **ÜBER DEN TELLERRAND KICKEN** IST MITTLERWEILE EIN VOLLER ERFOLG.

Denn am regelmäßigen Trainingstag (montags/Behmstraße am Gesundbrunnen) kommen neben den gut 20-25 „Stammspielern" aus Syrien, Gambia, Eritrea, Libyen und anderen Nationen nun auch regelmäßig Freunde und weitere Flüchtlinge. Gespielt wird meistens bei Charity-Turnieren oder gegen Freizeit- und Betriebsmannschaften, wobei das ehrenamtliche Trainerteam Thomas Unterholzer und Marius Gutowski seinem Team ein recht gutes Niveau bescheinigt, wenn das auch nicht Priorität hat. „Auch wenn wir vor allem in der Organisation auf dem Feld noch Luft nach oben haben, geht es in erster Linie um den Spaß und das gemeinsame Erlebnis." sagt der Coach. Wie zuletzt auf der Weihnachtsfeier, auf der Gebräuche aus verschiedenen Kulturen gemischt wurden und ein toller Abend bei deutschem Glühwein und dem Nationalgerichten Eritreas und Syriens entstand.

„Die Stimmung war sehr entspannt, später sogar gelöst und es war toll, die Jungs abseits vom Fußball und auf eine andere Art und Weise kennenzulernen!" so Marius Gutowski.

über den Tellerrand

KOCHEN & Kicken

MLEHIE

BULGUR MIT HÄHNCHENBRUST UND JOGHURT

Ayham, der uns dieses Rezept geliefert hat, kommt aus der syrischen Stadt Dar'ā und hat dort Englisch unterrichtet. Die Zubereitung des für Südsyrien und die Gegend um Damaskus typischen Gerichts hat der junge Lehrer von seiner Mutter und seinen Schwestern gelernt.

ZUTATEN FÜR 4 PERSONEN

1 ZWIEBEL
2 *kg* HÄHNCHENBRUST
2 *kg* JOGHURT
100 *gramm* BUTTERÖL
[PFLANZENÖL MIT BUTTERGESCHMACK ODER GHEE ODER BUTTER ZUM ANBRATEN]
etwas SALZ
1 *Liter* WASSER
1 *kg* BULGUR
250 *gramm* REIS

Die Zwiebel schälen und in Ringe schneiden. Die Hähnchenbrust in Streifen schneiden. Dann die Zwiebel zusammen mit dem Hähnchenfleisch in einen Topf geben und ca. 30 Minuten in heißem Wasser garen. Anschließend das Fleisch warm halten.

Den Joghurt mit etwas Wasser verrühren, so dass er flüssig wird. Danach den flüssigen Joghurt in einen Topf geben und unter ständigem Rühren zum Kochen bringen. Ewas Salz und das Butteröl in die Joghurtsuppe geben und weitere 30 Minuten köcheln lassen.

Das Wasser, den Bulgur und den Reis in einen Kochtopf geben und garen. Nach einer halben Stunde die Joghurtsuppe mit dem Bulgur vermengen und alles gut verrühren.

Zum Schluss die Hähnchenbrust auf den Bulgur geben und servieren.

DER SYRISCHE Zucker-BÄCKER

Als 30jähriger ist Abdelrahman Mando aus seinem Heimatland Syrien geflüchtet und lebt seit September 2015 in Deutschland. Geboren ist Abdel in Homs, wo er lange Zeit als Chefkonditor und Chocolatier in einer der größten Konditoreien des Landes namens Almond tätig war.

Schon als Kind hat ihn Schokolade nicht nur vom Geschmack begeistert – auch die Herstellung und die besonderen Eigenschaften der süßen Sünde hatten es ihm angetan. Seine Berufswahl war eine logische Konsequenz aus der Neugierde und Faszination, die Schokolade bei Abdel auslöste. Sein Handwerk hat er auf einer Akademie für Süßwaren erlernt, die der Ausbildung zum Konditor in Deutschland ähnelt.

„Etwas Süßes gibt schöne Gefühle und die Schokolade hilft zur Verbesserung der Stimmung. Ohne Schokolade könnte ich gar nicht leben" sagt der Syrer.

Für Abdel war es eine große Freude für die Kiezküche zu backen. Freude darüber, dass er und seine Landsleute leckere Speisen aus Ihrer Heimat vorstellen können. „Damit haben wir die Chance, den Deutschen zu zeigen, dass die syrische Küche sehr interessant ist" freut sich Abdel, während er seine Moccacino-Tart zubereitet. Für einen kurzen Moment verspürt er Normalität – wie auch alle anderen Mitwirkenden. Wie so viele Menschen aus Syrien hat auch Abdel die Hoffnung auf einen Neuanfang, um seine Träume hier in Deutschland weiter zu leben. Er hat bislang viele hilfsbereite Menschen getroffen und interessiert sich für die deutsche Kultur. Aber eben auch für die deutsche Küche: Gerne würde Abdel in Deutschland in seinem gelernten Beruf arbeiten. Abdel hat uns überzeugt. Nicht nur mit seinen Gerichten, sondern auch als Mensch.

MOCCACINO TARTE

MIT KAFFEE UND KONDITORCREME

Das Rezept haben wir vom syrischen Konditor Abdelrahman Mando bekommen, der während unserer Fotoproduktion seinen Lieblingskuchen für uns gebacken hat.

ZUTATEN FÜR DEN KUCHENTEIG

500 *gramm* MEHL
350 *gramm* BUTTER
175 *gramm* PUDERZUCKER
2 EIER

FÜR DIE CREME

100 *ml* SÜSSE KONDENSMILCH [AUS DER DOSE]
500 *ml* MILCH
2 EIER
100 *gramm* ZUCKER
100 *ml* SCHLAGSAHNE
10 *gramm* LÖSLICHEN KAFFEE
100 *gramm* VOLLMILCHSCHOKOLADE

Die Kondensmilch aus der Dose in einen Topf mit reichlich Wasser legen (so dass sie bedeckt ist) und für 2 Stunden auf mittlerer Flamme leicht köcheln lassen.

Für den Teig alle Zutaten in eine Schüssel geben, zuerst mit dem Rührgerät und danach mit der Hand verkneten. Dann den Teig für 20 bis 30 Minuten abgedeckt im Kühlschrank kalt stellen. Später den Teig ausrollen und in eine gebutterte Tarteform oder Tortenform geben. Mit einer Gabel kleine Löcher in den Boden stechen. Anschließend die Tarte etwa 20 Minuten bei 150 Grad Umluft backen. Anschließend die gebackene Tarte auskühlen lassen.

Für die Creme zuerst die Milch aufkochen. Dann in einer Rührschüssel die Eier, den Zucker und das Mehl glatt rühren. Anschließend langsam die Eimasse in die Milch einrühren und circa 2 Minuten unter ständigem Rühren weiter erhitzen. Danach die Milchcreme im Kühlschrank abgedeckt erkalten lassen.

Die Schokolade im Wasserbad schmelzen und die gebackene Tarte mit der flüssigen Schokolade bestreichen.

Danach die Sahne schlagen und die erkaltete Milchcreme mit der geschlagenen Sahne vorsichtig vermischen. Dann die Milchcreme-Sahnemischung gleichmäßig auf den Tarteboden geben und verteilen.

Den löslichen Kaffee in etwas Wasser anrühren und die Hälfte der Kondensmilch dazugeben. Zum Schluss die Kaffeecreme in einen Spritzbeutel geben und die Tarte damit dekorieren.

INTERVIEW MIT ... SEVIM DAGDELEN

POLITIKERIN UND MITGRÜNDERIN DES BUNDESVERBANDES DER MIGRANTINNEN IN DEUTSCHLAND

1 // DU BIST IN DEUTSCHLAND GEBOREN, JEDOCH DIE TOCHTER AUS DER TÜRKEI EINGEWANDERTER ELTERN. WÜRDEST DU SAGEN, DASS ES DEINEN ELTERN EINFACH GEMACHT WURDE, SICH IN DEUTSCHLAND ZU INTEGRIEREN? UND HAT SICH AN DER SITUATION HEUTZUTAGE ETWAS VERÄNDERT?
Mein Vater wurde als sogenannter Gastarbeiter für Thyssen-Krupp angeworben. Von Integration war keine Rede. Nicht einmal Sprachkurse wurden angeboten, geschweige denn bezahlt. Wichtig war nur die Ausbeutung der Arbeitskraft. Das war das Einzige, worum es ging.

2 // SIND DIE HERKUNFT DEINER ELTERN ODER AUCH DEINE ERLEBNISSE EIN GRUND DAFÜR, DASS DU DICH IN DER POLITIK ENGAGIERST?
Meinen Eltern wurde nichts geschenkt. Alles musste erkämpft werden. Dazu kam die Erfahrung der Diskriminierung und der Versuch, sie gegen die deutschen Arbeiter auszuspielen und umgekehrt. Das mitzuerleben, war für mich prägend. Ich wollte, dass alle Menschen die gleichen Rechte haben und zwar vor allem auch gleiche soziale Rechte. Doch soziale Gerechtigkeit erreichen wir nur gemeinsam. Wir dürfen uns nicht spalten lassen.

3 // WO SIEHST DU DIE SCHWIERIGKEITEN IM UMGANG MIT DER AKTUELLEN FLÜCHTLINGSBEWEGUNG AUS DEUTSCHER SICHT? WELCHE PRÄVENTIVEN MAßNAHMEN MÜSSTEN EINGELEITET WERDEN UND WAS KÖNNEN WIR VOR ORT IN DEUTSCHLAND BESSER MACHEN?
Die Bundesregierung tut nichts gegen die Fluchtursachen. So sind immer mehr Menschen gezwungen, ihre Länder zu verlassen. Auch in den Flüchtlingslagern der Nachbarländer zum Beispiel Syriens können sie nicht bleiben. Das Welternährungsprogramm der UNO erhält nicht das bisschen Geld, das sie zur Versorgung der Flüchtlinge braucht. Die Lebensmittelrationen in den Lagern um Syrien mussten in der Folge massiv reduziert werden. Gleichzeitig fördert die Bundesregierung deutsche Waffenexporte in islamistische Terrorstaaten wie Saudi-Arabien. Das muss gestoppt werden, denn jede deutsche Waffe kommt als Flüchtling wieder zurück. Auch muss es besseren Schutz für Leib und Leben von Geflüchteten in Deutschland geben.

4 // NEBEN HANDELSABKOMMEN, RELIGIONEN UND KRIEGEN IST AUCH DER HUNGER EIN GRUND FÜR DAS FLÜCHTEN DER MENSCHEN. HAST DU DIR HIER IN DEUTSCHLAND EIN BILD DAVON MACHEN KÖNNEN, OB DIE VERSORGUNG DER MENSCHEN AUSREICHEND IST?
Hunger ist ein Grund, warum so viele Menschen ihre Heimat verlassen müssen. Hunger ist aber vor allem das Ergebnis übler Politik der Großkonzerne hier im Westen. In Deutschland sorgt das sogenannte Sachleistungsprinzip für eine schlechte Ernährung der Flüchtlinge. Denn im Vordergrund steht nicht eine gute und ausgewogene Ernährung, sondern die Abschreckung. Dies finde ich bei Kindern besonders schlimm, weil man so auch noch die gesamte Entwicklung eines Kindes negativ beeinflusst. Das gilt aber nicht nur für Flüchtlinge. Generell ist die Mangelernährung auf dem Vormarsch.

5 // GERADE IN DEUTSCHEN GROßSTÄDTEN PROFITIEREN WIR VON DER UNGLAUBLICHEN VIELFALT AN AUSLÄNDISCHEN RESTAURANTS UND GERICHTEN. AN WELCHE GERICHTE AUS DEINER KINDHEIT ERINNERST DU DICH GERNE ZURÜCK?
Ich kann mich nicht an einen Restaurant-Besuch in meiner Kindheit erinnern. Wir waren sechs Kinder und mein Vater größtenteils Alleinverdiener. Meine Mutter hat allerdings eine wunderbare Linsensuppe, aus roten Linsen - Mercimek çorbası - gemacht. Die war und ist einfach fantastisch.

6 // KOCHST DU SELBER HEUTE EHER TÜRKISCH ODER DEUTSCH?
Ich koche gerne anatolisch. Viele Gerichte aus Ostanatolien, aus Erzincan im Oberen Euphrattal, habe ich von meiner Mutter gelernt. Zum Beispiel Bamya, das sind Okraschoten mit frischen Tomaten. Schmeckt sehr lecker.

7 // GIBT ES EINE BESONDERE GESCHICHTE IM BEZUG AUF ESSEN, DIE DU GERNE MIT UNS TEILEN WÜRDEN?
Ja, die besten Kartoffeln, die ich je gegessen habe, habe ich einmal zusammen mit meiner Tante im Dorf meiner Mutter auf über 2000 Meter Höhe selbst mitgeerntet. Es ist ein kleines, sehr stilles Dorf inmitten der Berge Ostanatoliens, die hierzulande kaum einer kennt, obwohl sie von der Höhe her auf weit über 3000 Meter hinauf gehen. Das Leben dort ist sehr einfach und sehr hart. Lebensmittel haben dort eine ganz andere Bedeutung als hier. Das gilt auch für den köstlichen selbst gemachten Ziegenkäse, die kleinen Birnen oder den wilden Knoblauch. Die Auswahl des Essens ist sehr beschränkt, aber die Qualität und der Geschmack sind um Längen besser als alles, was man in Deutschland kaufen kann. Und Bio ist es allemal. Und das, was mich am meisten beeindruckt, ist, dass das Wenige, was die Menschen dort selbst anbauen und ernten, sie ganz selbstverständlich miteinander teilen. Das finde ich vorbildhaft.

MANAKISH

SYRISCHE PIZZA IN VIER VARIATIONEN

Manakish ist ein traditionelles Gericht der Levante, zu der Syrien, Libanon, Israel, Palästina und Jordanien gehören. In einem Steinofen gebacken, werden die runden Fladenbrote zum Frühstück oder Mittagessen serviert. Ähnlich wie eine Pizza, werden sie vorher in Stücke geschnitten oder gefaltet.

Bei einem Communitytreffen des Vereins „Über den Tellerrand kochen" haben wir Moder aus Syrien kennengelernt. 2014 ist er von Aleppo nach Deutschland gekommen. In Kochkursen zeigt er seinen Gästen, wie ein authentisches syrisches Menü zubereitet wird und macht sie mit den Geschmäckern und Gewürzen seiner Heimat vertraut.

ZUTATEN FÜR 8–10 MANAKISHS

1 *Glas* MILCH

1 *Würfel* FRISCHE HEFE

1,5 *Gläser* MEHL

1/4 *Glas* PFLANZENÖL

1 *EL* ZUCKER

1 *TL* SALZ

*ERHÄLTLICH IM TÜRKISCHEN LEBENSMITTELHANDEL

Die Milch erwärmen, bis sie lauwarm ist. Dann die Hefe in eine Schüssel bröckeln und die warme Milch darauf geben. Mit den Händen oder einem Schneebesen beides gut vermischen und danach 10 Minuten ruhen lassen. Nach der Ruhezeit das Mehl, das Öl, den Zucker und das Salz dazugeben. Etwas Mehl auf die Arbeitsfläche geben und den Teig darauf so lange kneten, bis er geschmeidig ist. Anschließend den Teig zu 8 bis 10 Kugeln formen und diese mit einem Nudelholz dünn ausrollen. Die Teigfladen auf ein mit Backpapier ausgelegtes Backblech legen und die Manakishs 15 bis 20 Minuten bei 200° C backen.

Für den Belag

VARIANTE 1 // MANAKISH MIT ZATAR: Zatar* (Gewürzmischung mit Thymian, Sesam und Salz), klein gehackte Tomaten und etwas Olivenöl zum darüber geben

VARIANTE 2 // MANAKISH MIT SUCUK: Sucuk* (pikante Knoblauchwurst), klein gehackte Tomaten, Pizzakäse (gerieben) und etwas Olivenöl zum darüber geben

VARIANTE 3 // MANAKISH MIT HALLOUMI-KÄSE: Halloumi-Käse, grüne oder schwarze Oliven, eingelegte Rote Beete (erhältlich im türkischen Einkaufsmarkt), etwas Salz und Olivenöl zum darüber geben

VARIANTE 4 // MANAKISH MIT CHILI UND SESAM: scharfe Chilipaste (z.B. Harissa), Sesam (am besten schwarzer Sesam), klein gehackte Tomaten, etwas Salz und Olivenöl zum darüber geben

HUDA: „ICH MÖCHTE EIN STÜCK Heimat NACH Hamburg HOLEN..."

„Wenn bei uns zuhause ein großes Familienfest anstand, haben wir Frauen uns getroffen und syrische Köstlichkeiten wie Yabrak zubereitet. Das war immer richtig gemütlich, zusammen im Wohnzimmer um den großen hölzernen Tisch zu sitzen - Weinblatt für Weinblatt mit Reis und Fleisch zu füllen und anschließend zigarrenförmig zu rollen. Da hatten wir immer jede Menge Spaß und ein paar Stunden Zeit, uns über alles zu unterhalten, was in der Nachbarschaft passiert ist und was uns sonst so auf der Seele brannte. Am Nachmittag wurden die gefüllten Weinblätter dann mit der ganzen Familie als traditioneller Snack genossen.

Aber diese unbeschwerte Zeit ist lange her, der Krieg hat uns viel genommen. Unser Haus in Damaskus wurde bereits 2014 bei einem Angriff zerstört. Wir mussten dann in einen Stadtteil umziehen, der etwas sicherer ist. Aber auch dort habe ich um das Leben meiner Familie gebangt. Anfang Januar 2016 haben wir Syrien verlassen, zusammen mit meiner Tochter, meinem 6-jährigen Enkel, meiner Schwägerin und meiner Nichte. Für Frauen mit Kind ist die Flucht umso härter, in vielen Situationen hatten wir große Angst. Meine Tochter Bayan spricht fließend Englisch, das hat uns oft geholfen. Aber sie trug mit ihren 24 Jahren auch sehr viel Verantwortung in diesen Wochen, da sie alles für uns organisieren musste: den Fluchtweg, Schlafplätze, Wasser und Essen - einfach alles. Wir sind froh, nun in Hamburg angekommen zu sein. Mein Sohn lebt bereits seit Sommer letzten Jahres hier und er ist heilfroh, dass auch wir nun bei ihm sind. Er hat bereits ein dreimonatiges Praktikum bei einem Unternehmen in Hamburg absolviert und wartet gerade auf eine Vertragsverlängerung. Er ist sehr ehrgeizig. Uns hat mein Sohn geholfen, dass wir seit unserer Ankunft an einem Deutsch-Kurs teilnehmen können, der von einem Verein angeboten wird. Bislang leider nur zweimal in der Woche, was natürlich nicht reicht, um diese schwierige Sprache zu lernen.

Ich wünsche mir, dass wir bald alle wie eine richtige Familie zusammenleben dürfen – mit einer eigenen Küche. Es tut mir wirklich leid, aber mir schmeckt die deutsche Küche nicht, zumindest nicht das Essen in der Flüchtlingsunterkunft. Ich möchte endlich wieder für meine Familie kochen und mit den syrischen Gerichten, Gewürzen und Kräutern ein Stück Heimat nach Hamburg holen. Und was ich mir noch wünsche: Ich möchte Fahrradfahren lernen. Ich finde es toll, dass hier alle, Männer wie Frauen, mit Fahrrädern durch die Stadt radeln. Das muss ein tolles Gefühl sein."

WIR DRÜCKEN IHR FEST DIE DAUMEN, DASS IHR WUNSCH BALD IN ERFÜLLUNG GEHT.

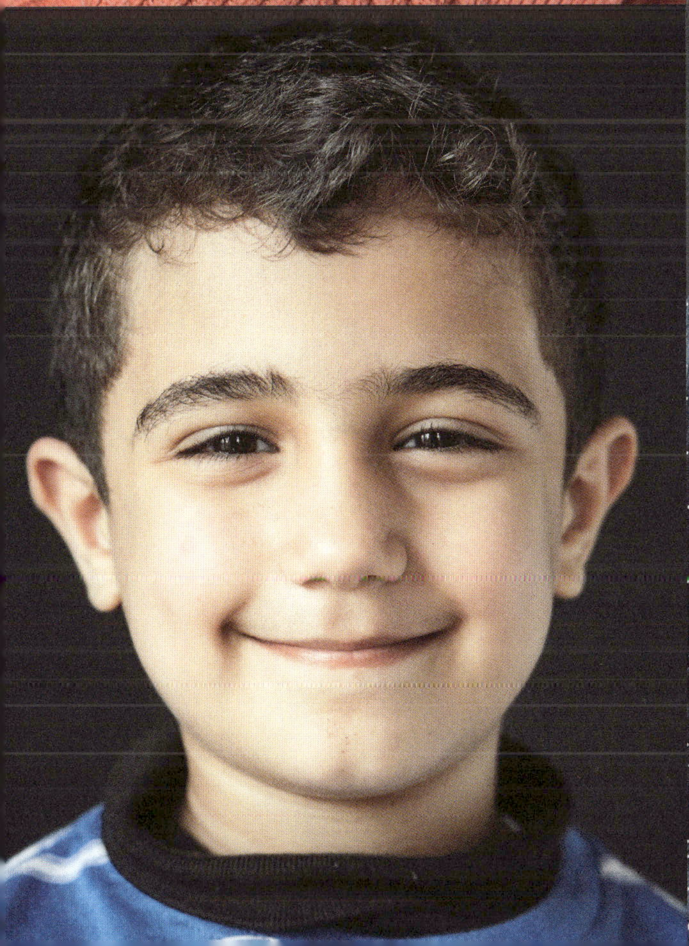

YABRAK

GEFÜLLTE WEINBLÄTTER MIT HACKFLEISCH

Gefüllte Weinblätter sind eine Spezialität der orientalischen Küche. Sie werden entweder als Hauptspeise gegessen oder zusammen mit anderen Gerichten in großen Familien aufgetischt. Von der bosnischen, über die griechische bis zur türkischen Küche gibt es viele Zubereitungsarten. Unser Rezept ist von Huda und Bayan aus Syrien.

ZUTATEN FÜR 4 PERSONEN

2 KNOBLAUCHZEHEN

1 *Glas* REIS

250 *gramm* HACKFLEISCH

etwas SCHWARZER PFEFFER AUS DER MUHLE

1 *Prise* KREUZKÜMMEL [CUMIN]

etwas WASSER

200 *gramm* WEINBLÄTTER [KÜCHENFERTIG]

2-3 TOMATEN

2-3 KARTOFFELN

Den Knoblauch pressen oder kleinhacken. Den Reis mit dem Hackfleisch, Pfeffer, Kreuzkümmel und zerkleinertem Knoblauch in einer Schale vermengen und etwas Wasser dazugeben.

Danach die Weinblätter einzeln füllen. Dafür etwas Hackfleischmasse unterhalb der Mitte des Blattes quer über das Blatt legen. Dann das Blatt vom Stiel her einrollen, die Seiten nach innen klappen und anschließend das Blatt komplett einrollen.

Die Tomaten und Kartoffeln in Scheiben schneiden und auf dem Boden eines Kochtopfes verteilen. Dann die gefüllten Weinblättern darauf stapeln, mit Wasser bedecken und mit einem Teller beschweren. Etwa eine Stunde bis eineinhalb Stunden köcheln lassen. Danach die Weinblätter abtropfen lassen und zusammen mit dem Gemüse servieren.

Nicht wundern, die Weinblätter verändern beim Garen ihre Farbe von Grün zu Braun.

MOUMANYEH

SYRISCHER FREITAGSPUDDING

Der süße Grießpudding wird in Syrien vor allem freitags gegessen, wenn die Familie zusammenkommt und ihn gemeinsam Löffel für Löffel oder mit Brot genießt. Für uns haben ihn Huda und ihre Tochter Bayan gekocht. Danach wurde zusammen gegessen – und die Schüssel war ratzfatz leer.

ZUTATEN FÜR 1 GROßE SCHÜSSEL PUDDING

1 *großes Glas* GRIEß
1-2 *EL* BUTTER
1 *großes Glas* ZUCKER
1/2 *EL* ZIMT
4 *große Gläser* WASSER
1 *Glas* KOKOSRASPELN
300 *gramm* NÜSSE [Z.B. MANDELN ODER CASHEWNÜSSE]
etwas ÖL *zum Frittieren*
etwas ZIMT *zum Garnieren*
etwas BUTTER *nach Geschmack*

Den Grieß in einem Topf so lange anbraten, bis er braun wird. Dann die Butter dazugeben und beides zusammen kurz köcheln lassen.

In einer Pfanne den Zucker so lange erwärmen, bis er flüssig ist. Dann den Zimt und das Wasser hinzufügen und alles zum Kochen bringen. Dann die Hitze verringern und das Wasser-Zucker-Gemisch langsam mit dem Grieß vermischen.

Den Topf von der Herdplatte nehmen und mit geschlossenem Deckel den Pudding noch etwa 5 Minuten ziehen lassen. Währenddessen die Nüsse in einer Pfanne in Öl frittieren, bis sie braun sind.

Zum Schluss den Pudding in eine Schüssel geben und mit den Nüssen und etwas Zimt garnieren. Wer mag, kann noch etwas Butter darauf geben.

INTERVIEW MIT... MARIA KETIKIDOU

SCHAUSPIELERIN MIT GRIECHISCHEN WURZELN

1 // DU BIST IN DEUTSCHLAND ALS TOCHTER GRIECHISCHER EINWANDERER GEBOREN. WÜRDEST DU SAGEN, DASS ES DEINEN ELTERN DAMALS LEICHT GEMACHT WURDE, SICH IN DEUTSCHLAND ZU INTEGRIEREN UND HAT SICH AN DER SITUATION VON EINWANDERERN HEUTZUTAGE ETWAS VERÄNDERT?

Meine Eltern sind sehr freundlich aufgenommen worden. Damals, Anfang der 60er-Jahre, wurden sie als Gastarbeiter begrüßt – also als Besucher, die wieder gehen. Was meine Eltern zuerst ja auch dachten. Aber es fiel ihnen nicht schwer, sich hier einzuleben. Sie fanden schnell deutsche Freunde, wir Kinder waren auf einer deutschen Schule, ich bin sozusagen mit deutschen Werten aufgewachsen. So gesehen: Ja, es wurde uns leicht gemacht. Aber dazu gehört natürlich auch, dass man sich anpasst und die Sitten und Regeln des Landes achtet – im Grunde eine Selbstverständlichkeit, mit der man übrigens auch entspannter lebt und sehr viel weiter kommt.
WAS SICH GEÄNDERT HAT? *Ich glaube, das ist schwer zu vergleichen. Heute ist Einwanderung normal, es gibt bestehende Communitys und zahllose Integrationsangebote. Meine Eltern mussten sich alles selbst erarbeiten. Was allerdings den Vorteil hat, dass man auch schnell Teil der Gemeinschaft wird, weil man es werden muss.*

2 // WIE GROß IST DIE BEDEUTUNG DER HERKUNFT DEINER ELTERN UND IHRES HEIMATLANDES GRIECHENLAND FÜR DICH? UND WELCHE ZUSAMMENHÄNGE GIBT ES IN DEINEM TÄGLICHEN LEBEN UND UMFELD?

Ich finde es wichtig, dass man sich seiner Wurzeln bewusst ist. Und ich empfinde sie als große Bereicherung, allein schon wegen der Mehrsprachigkeit. Ich habe dadurch eine sehr hohe Toleranz für Menschen, Weltanschauungen und Kulturen entwickelt, die mir enorm zu Gute kommt. Mich ärgert es, wenn sich jemand aus einer antiquierten Werteordnung heraus die eigene Zukunft verbaut. Was ja oft auch ein Bildungsproblem ist – das gilt übrigens für alle Seiten.

3 // IN WELCHER HINSICHT SIEHST DU SCHWIERIGKEITEN IM UMGANG MIT DER AKTUELLEN FLÜCHTLINGSBEWEGUNG AUS DEUTSCHER SICHT? WELCHE PRÄVENTIVEN MASSNAHMEN MÜSSTEN EINGELEITET WERDEN UND WAS KÖNNEN WIR VOR ORT IN DEUTSCHLAND BESSER MACHEN?

Diese Fragen müsste Angela Merkel beantworten. Wenn ich dafür Lösungen hätte, wäre ich Politikerin und nicht Schauspielerin geworden.

4 // GERADE IN DEUTSCHEN GROßSTÄDTEN PROFITIEREN WIR VON DER UNGLAUBLICHEN VIELFALT AN AUSLÄNDISCHEN RESTAURANTS UND GERICHTEN. AN WELCHE GERICHTE AUS DEINER KINDHEIT ERINNERST DU DICH GERNE ZURÜCK?

Bei uns gab es sonntags zum Frühstück Toast Hawaii, zum Mittagessen Rinderrouladen und abends die gute alte Käsestulle. Das habe ich geliebt. Wochentags haben wir uns leckere Dosen-Ravioli warmgemacht, wir waren ja Schlüsselkinder.

Aber das Allergrößte waren die Sommerferien: Dann hat Oma für uns Eigelb und Zucker so lange mit der Hand aufgeschlagen, bis sich der Zucker aufgelöst hat. Diese Köstlichkeit habe ich dann aus meiner Lieblingstasse gelöffelt. An Omas Kochkünste kommt sowieso niemand heran. Sie konnte aus Okraschoten, Auberginen, Tomaten und Paprika alles zaubern. Das Obst und Gemüse kam aus dem eigenen Garten, Eier, Milch und Fleisch aus eigener Landwirtschaft. Das ist für mich der größte Luxus.

5 // KOCHST DU SELBER EHER GRIECHISCH ODER DEUTSCH?

Ich koche international.

BÁMIES LADERES

OKRASCHOTEN IN TOMATENSAUCE

Das vegetarische Gericht ist typisch für Maria Ketikidous Heimatland Griechenland. Die Schauspielerin hat das Rezept von ihrer Oma bekommen, die aus einfachen Zutaten viele köstlichste Gerichte zaubern kann.

ZUTATEN FÜR 4 PERSONEN

1 *kg* OKRASCHOTEN

etwas OLIVENöl [ZUM BRATEN]

2 ZWIEBELN

4 KNOBLAUCHZEHEN

1 *EL* TOMATENMARK

750 *ml* TOMATEN [ENTHÄUTET & KLEINGESCHNITTEN ODER PASSIERTE TOMATEN]

etwas SALZ & PFEFFER AUS DER MÜHLE

etwas FRISCHE PETERSILIE [ZUM GARNIEREN]

Damit frische Okraschoten beim Kochen ihre Form behalten und nicht schleimig werden, sollten sie vorher mit einem kleinen Messer rundherum am Stiel geschält werden. Dabei ist es wichtig, die Membran rund um den Stiel nicht zu verletzen, damit keine Löcher entstehen können, aus denen beim Kochen Sekret abgesondert wird.

Nach der Vorbereitung der Okraschoten die Zwiebeln und die Knoblauchzehen schälen und fein würfeln. Dann die Zwiebeln in einem Topf mit etwas heißem Öl dünsten, den Knoblauch hinzufügen und kurz mitbraten. Danach das Tomatenmark und die Tomaten hinzufügen und mit andünsten. Zum Schluss die vorbereiteten Okraschoten dazugeben, mit Salz und Pfeffer würzen und vorsichtig umrühren. Bei mittlerer Hitze das Gemüse etwa 20 Minuten garen. Falls notwendig noch etwas Wasser oder Gemüsebrühe zugießen, bis alles bedeckt ist. Wichtig: Das Gemüse sollte nicht umgerührt werden, weil die Okraschoten sonst platzen könnten und dann ihre Form verlieren. Wenn nötig einfach den Topf leicht anheben und sanft hin und her rütteln.

Die Okraschoten sollten nach dem Kochen weich sein, aber noch etwas Biss haben. Den Eintopf auf Tellern anrichten und mit etwas frischer Petersilie bestreuen.

Dazu passen Brot, Schafskäse und Oliven.

KUSSAI:

„WHAT HAPPENED, happened..."

Ich wusste an diesem Morgen im Oktober 2012, dass etwas anders ist. Luftangriffe, Schüsse, Detonationen Tag und Nacht, das kannten wir kaum noch anders. Aber es war noch unruhiger als zuvor auf den Straßen, die Menschen waren aufgeregt. Die Frontlinie der Kämpfe zwischen den Regierungstruppen und den Rebellen lag unweit unseres Stadtteils, die Nachbarstadt wurde beschossen. Ich habe kurzerhand unsere Sachen zusammengepackt und meine Familie bei meinen Schwiegereltern in einer etwas sichereren Gegend untergebracht und bin dann zurück in unser Haus. Kurz vor Sonnenuntergang hab ich aus dem Fenster geschaut - dann passierte es. Ein ohrenbetäubender Knall, eine Druckwelle, die mich quer durch den Raum bis zur Tür schleuderte, überall Staub und Rauch. Ich dachte, es zerstört mich. Das Geschoss muss wenige Meter über mir in unser Haus eingeschlagen sein, im Raum nebenan waren zwei große Löcher im Dach. Ich hätte tot sein können.

Gut drei Monate habe ich noch in unserem Haus gelebt, die Schäden habe ich zusammen mit den Nachbarn repariert. Aber schließlich musste ich unseren Besitz aufgeben. Weite Teile meiner Heimatstadt Daraa sind zerstört, das Leben in der Gefechtszone war nicht mehr möglich.

Ich habe beschlossen, Syrien zu verlassen, denn es ist besser, zu flüchten als zu morden oder ermordet zu werden. In meinem Land Syrien gibt es keinen ungefährlichen Ort mehr, aber meine Frau und meine sechs Kinder sind einigermaßen sicher bei meinen Schwiegereltern, solange sie nicht die rebellenkontrollierten Zonen der Stadt verlassen. Dort in den Oppositionsgebieten können meine Töchter und Söhne, die Älteste ist achtzehn und der Jüngste vier Jahre alt, zwar zur Schule gehen, aber sie haben weder die Chance auf eine Ausbildung noch auf ein Studium. Sie wachsen in einem zerstörten Land auf. Und in Angst.

Im Mai 2017 hat meine Familie einen Termin in der deutschen Botschaft im Libanon. Erst dann können wir den Familiennachzug beantragen und ich kann meine Kinder und meine Ehefrau endlich zu mir nach Hamburg holen. Wir sind es gewohnt, monatelang getrennt voneinander zu sein, da ich viele Jahre als Englisch-Dozent an einer Universität in Saudi-Arabien angestellt war, aber in dieser Zeit musste ich nicht um das Leben meiner Kinder fürchten. Ich möchte, dass sie bei mir sind, dass sie in Freiheit aufwachsen und dass sie die Chance auf eine gute Zukunft haben.

Kussais Gedanken, entstanden im Deutsch-Unterricht

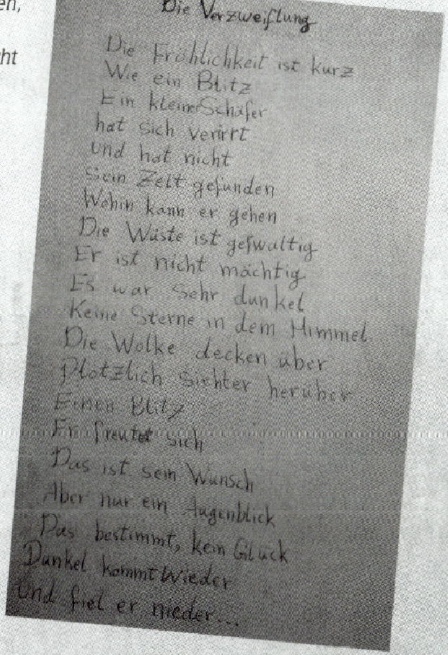
Die Verzweiflung

Die Fröhlichkeit ist kurz
Wie ein Blitz
Ein kleiner Schäfer
hat sich verirrt
und hat nicht
sein Zelt gefunden
Wohin kann er gehen
Die Wüste ist gefwaltig
Er ist nicht mächtig
Es war sehr dunkel
Keine Sterne in dem Himmel
Die Wolke decken über
Plötzlich siehter herüber
Einen Blitz
Er freutet sich
Das ist sein Wunsch
Aber nur ein Augenblick
Das bestimmt, kein Glück
Dunkel kommt wieder
und fiel er nieder...

HARISSA

SYRISCHER GRIEßKUCHEN MIT JOGHURT UND KOKOSRASPELN

Der Name Harissa steht nicht nur für die gleichnamige pikante Würzpaste, sondern auch für einen süßen Kuchen, der im Nahen Osten auch Basbousa genannt wird. Der Kuchen wird mit Joghurt, Grieß und Kokosflocken gebacken und zum Schluss in Zuckersirup getränkt.

Der Englischlehrer Kussai hat den auch in seiner Heimat Syrien beliebten Kuchen für uns gebacken. Dort hat er immer gleich mehrere Bleche gebacken, um einen kleinen Vorrat zu haben. Normalerweise ist eigentlich seine Frau für das Kochen zuständig. Das Harissa Zubereiten übernimmt Kussai allerdings selbst: „Meine Frau hat den Kuchen einmal gebacken, seitdem übernehme ich das wieder. Ich kann das einfach viel besser", sagt er und lacht.

ZUTATEN FÜR 1 KUCHEN

3 *Gläser* ZUCKER
4 EIER
1 *Pck.* VANILLEZUCKER
1 *Pck.* BACKPULVER
1 *Glas* KOKOSRASPELN
1 *Glas* MEHL
1 *Glas* JOGHURT
1 *Glas* GRIESS
etwas TAHINI *oder* BUTTER [SESAMPASTE]
1 *Hand voll* NÜSSE [Z.B. ERDNÜSSE]

Zuerst zwei Gläser Zucker mit zwei Gläsern Wasser in einem Topf erwärmen und zu einem Sirup kochen. Danach den Topf von der Herdplatte nehmen und den Sirup abkühlen lassen.

Die Eier in einer Schüssel aufschlagen, eine weiteres Glas Zucker hinzugeben und dann den Vanillezucker und das Backpulver hinzufügen. Danach die Kokosraspeln, das Mehl, den Joghurt und den Grieß hinzugeben.

Anschließend noch einmal alles gut verrühren.

Eine Kuchenform oder ein Blech mit Tahini oder Butter einpinseln und die Teigmischung darauf verteilen. Anschließend die Nüsse darauf geben.

Den Backofen auf 100° C Umluft vorheizen. Wenn er die richtige Temperatur hat, das Tablett in den Ofen schieben und den Kuchen etwa 25 bis 30 Minuten backen. Nach dem Backen abkühlen lassen und in viereckige Stücke schneiden. Zum Schluss den fertigen Sirup über den Kuchen geben und warm servieren.

INTERVIEW MIT ... SAMMY AMARA

SÄNGER DER BROILERS

1 // DU BIST IN DEUTSCHLAND GEBOREN, HAST JEDOCH VÄTERLICHE WURZELN IM IRAK. KANN DEIN VATER SAGEN, DASS ES IHM LEICHT GEMACHT WURDE, SICH IN DEUTSCHLAND ZU INTEGRIEREN UND WURDE ER DABEI AUSREICHEND UNTERSTÜTZT?

Mein Vater hat einige Geschichten auf Lager, die retrospektiv fast ein bisschen witzig sind (mein Vater vor seinem Auto, ein Mann zu ihm: »Du nur gucken, Du nicht anfassen! Ja?!«) – unterm Strich aber schlicht den Rassismus deutlich machen, der ihm damals, als er nach Deutschland kam und auch heute immer mal wieder, entgegen schlug und schlägt. Dennoch gab es damals natürlich auch genug Menschen, die ihn mit offenen Armen empfangen haben, einfach nett waren und ihn letztendlich ausgebildet haben.

2 // ÜBER DICH IST ZU LESEN, DASS DU EINE BEHÜTETE KINDHEIT HATTEST. GAB ES AUFGRUND DER HERKUNFT DEINES VATERS FÜR DEINE FAMILIE UND DICH PROBLEME IN DER VERGANGENHEIT UND WIE IST ES HEUTE?

Das, was mein Vater erlebt hat, kenne auch ich. Mit schwarzen Haaren und dunklen Augen bleibt das hin und wieder wohl nicht aus. Schade, ist aber so. Da ist es dann auch egal, wie messerscharf man Deutsch spricht.

3 // SEIT 1992 SINGST DU IN DER BAND, DIE KURZ SPÄTER ZU DEN BROILERS WURDEN. WIE BIST DU ZUR MUSIK GEKOMMEN UND WIE HABT IHR EUCH ALS BAND GEFUNDEN?

Andi und ich haben 1992, mit 12 Jahren in der Schule, gemeinsam beschlossen, dass wir Bock auf eine Band haben. So haben wir uns und die Broilers gefunden.

4 // DIE TEXTE DER BROILERS SIND UNTER ANDEREM AUCH POLITISCH – IHR SETZT EUCH GEGEN FASCHISMUS UND ANTISEMITISMUS EIN UND BRINGT BEI EUREN AUFTRITTEN KLARE STATEMENTS GEGEN NAZIS. IST DIE HERKUNFT DEINES VATERS AUCH EIN GRUND DAFÜR, DASS IHR EUCH MIT EURER MUSIK POLITISCH ENGAGIERT?

Das glaube ich nicht. Es sind vielmehr meine Erziehung, Erfahrungen und die Werte, die meine Eltern mir beibrachten. Wenn man weltoffen erzogen wird, haben respektloser Mist wie Rassismus & Co keinen Platz.

5 // ES SCHEINT ALS SEI ES NIE WICHTIGER GEWESEN, STATEMENTS GEGEN FASCHISMUS ZU SETZEN! WIE VERFOLGST DU DIE AKTUELLE ENTWICKLUNG?

Ich sehe die aktuelle Entwicklung mit Besorgnis, Kopfschütteln und großer Unruhe.

6 // WO SIEHST DU DIE SCHWIERIGKEITEN IM UMGANG MIT DER AKTUELLEN FLÜCHTLINGSBEWEGUNG UND WELCHE PRÄVENTIVEN MASSNAHMEN MÜSSTEN EINGELEITET WERDEN BEZIEHUNGSWEISE WAS MÜSSEN WIR ALS DEUTSCHLAND VERÄNDERN?

Wir benötigen Bildung, Aufklärung, Entgegenkommen und Respekt auf allen Seiten.

7 // GERADE IN DEUTSCHEN GROßSTÄDTEN PROFITIEREN WIR VON DER UNGLAUBLICHEN VIELFALT AN AUSLÄNDISCHEN RESTAURANTS UND KULTUREN. AN WELCHE GERICHTE AUS DEINER KINDHEIT ERINNERST DU DICH GERNE ZURÜCK UND KOCHST DU IRAKISCHE REZEPTE?

Ich erinnere mich an Pommes und Pizza. Haha. Es gibt hier und da Gerichte aus der irakischen bzw orientalischen Küche, die ich gerne mag. Die Küche ist der griechischen relativ ähnlich. So schließt sich dann auch wieder der Kreis in Sachen Pommes.

8 // KANNST DU UNS DAS ESSEN, DAS ES AUF TOUR MIT DER BAND GIBT, EMPFEHLEN UND WELCHES GERICHT IST DAS HÄUFIGSTE?

Das Catering-Unternehmen die »Rote Gourmet Fraktion« kocht ausgesprochen abwechslungsreich, da wiederholt sich selten was und aus den Resten vom Abend gibt es am nächsten Mittag dann etwas Neues, und auch das ist dann geil. Dennoch brauchen wir für unseren Tontechniker recht häufig »Spaghetti Bolo«, der tut sonst nicht gut.

FUL

FAVABOHNEN MIT KICHERERBSEN, JOGHURT UND TOMATE

Das Bohnengericht ist in arabischen Ländern vor allem zum Frühstück weit verbreitet. Bei der Zubereitung gibt es oft regionale Unterschiede und mehr als 90 Variationen. Unsere Version stammt von Amir und Salah aus Syrien, wo Fleisch schon immer teuer war und vegetarische Gerichte deshalb eine gute und preiswerte Alternative bieten.

Amir ist aus Damaskus und hat dort als Bankkaufmann gearbeitet. Salah hat in Aleppo Architektur studiert. Ful kennen die beiden seit ihrer Kindheit. Meistens kam die ganze Familie zusammen, um gemeinsam zu essen. Auch in Hamburg kochen die beiden das traditionelle Gericht immer wieder gerne, weil es für sie nach Heimat schmeckt.

ZUTATEN FÜR 4 PERSONEN

1 *Dose* FAVABOHNEN [AUCH SAUBOHNEN ODER DICKE BOHNEN GENANNT]
1 *Dose* KICHERERBSEN
3 KNOBLAUCH*zehen*
4 *EL* TAHINI [SESAMPASTE]
1 *Bio*-ZITRONE
200 *gramm* JOGHURT
etwas SALZ
2 TOMATEN
etwas BLATTPETERSILIE [ZUM GARNIEREN]
etwas OLIVENÖL *nach Geschmack*
1 *EL* SESAM [GERÖSTET]

Die Bohnen und Kichererbsen in ein Sieb geben und mit kaltem Wasser kurz abspülen. Dann bei mittlerer Temperatur in einem Topf erwärmen (nicht kochen). Den Knoblauch abziehen und klein hacken oder pressen. Die Tahini in einem Behälter geschmeidig rühren, damit sie nicht zu fest ist. Die Zitrone auspressen und die Schale abreiben. Dann die Tahini zusammen mit dem Joghurt und dem Knoblauch vermischen und mit Salz und Zitronensaft abschmecken. Anschließend noch etwa 8 Esslöffel von dem warmen Bohnenwasser unterrühren, damit eine flüssigere Sauce entsteht.

Die Bohnen und Kichererbsen abgießen, zum Joghurt geben und unterrühren. Danach die Tomaten würfeln und die Petersilie klein schneiden. Dann beides auf den Joghurt geben, nach Belieben mit Olivenöl beträufeln und mit Sesam und etwas Zitronenschale garnieren.

TIPP: Ful schmeckt am besten zusammen mit arabischem Brot. Wenn man es in kleinere Stücke reißt, kann man hervorragend mit den Fingern essen. Es darf aber natürlich auch ein Löffel benutzt werden. Als Beilagen empfehlen sich Oliven, Radieschen, milde Peperoni oder frische Gurkenscheiben.

SEERETTUNG

in der Ägäis und auf dem Mittelmeer

AUS EHRENAMTLICHEN HELFERN, VIELEN SPENDENGELDERN UND DEM EINSATZ DES GRÜNDERS HARALD HÖPPNER UND SEINEN GESCHÄFTSPARTNERN ENTSTAND 2015 DAS PROJEKT SEA-WATCH, DAS TÄGLICH GEFLÜCHTETEN LEBEN AUF SEE RETTET.

Ursprünglich betreiben Harald und seine Partner einen Internetversand sowie einen Laden im Berliner Stadtteil Prenzlauer Berg. Die Flüchtlingssituation generell, aber vor allem die traurigen Bilder der über das Meer flüchtenden Menschen, bewegten sie dazu, direkt vor Ort Hilfe zu leisten. Mit zahlreichen ehrenamtlichen Helfern vom Kapitän bis zur Journalistin konnte die Sea-Watch 1 innerhalb weniger Monate realisiert werden: zunächst als Privatboot betrieben, später dann offiziell durch den gegründeten Verein. Durch finanzielle Unterstützung und Crowdfunding konnte Ende 2015 auch ein altes 33 Meter langes Forschungsschiff gekauft und zur Sea-Watch 2 umgerüstet werden. Knapp 100 Ehrenamtliche sowie viele Freiwillige unterstützen an Land und auf dem Wasser und sorgen dafür, dass möglichst viele in Seenot geratene Menschen und Flüchtlingsboote gerettet, versorgt und in einen sicheren Hafen gebracht werden. Die Crew, die aus acht bis zwölf Personen besteht, ist rund um die Uhr im Einsatz, sobald sie das Einsatzgebiet erreicht hat. Die Boote auf den Mittelmeerrouten starten im lybischen Zuwara oder an den Stränden von Grabuli – in der Ägäis fliehen vor allem Syrer und Iraker mit Booten von der türkischen Küste.

Bei den Einsätzen konnten im ersten halben Jahr weit über 2.000 Menschen gerettet werden. Darunter nicht selten ganze Boote voller Kinder, sowie Boote, die bereits begonnen hatten zu sinken oder leider auch einige wenige Tote an Bord hatten. Der Einsatz ist sowohl für Retter als auch die Geretteten oftmals sehr emotional. Nicht immer sind diese Emotionen ausschließlich positiv: „Erst freut man sich über die Rettung der Menschen, dann kommt oft die unglaubliche Wut über die Schreibtischtäter in der EU, die Menschen auf diese unsicheren Boote zwingen," sagt eines der Crew-Mitglieder. Das Problem seien nicht die Schlepper, sondern diejenigen, die die Schlepper erst nötig machen. Die Flüchtenden kommen aus verschiedenen Ländern mit ganz unterschiedlichen Fluchtgeschichten. Was sie alle vereint ist jedoch die große Verzweiflung, die sie auf die Boote treibt. „Viele sagten uns, dass sie lieber auf der See sterben wollten, als zurück nach Libyen gebracht zu werden," erzählt Pressesprecher Ruben Neugebauer. „Was zudem in Deutschland oft nicht bedacht wird ist, dass es für die Menschen keinen Rückweg gibt. Bei der Flucht durch die Sahara haben die meisten ihr Leben bereits einmal riskiert."

Viele von Ihnen wollen ursprünglich nicht nach Europa. Postkoloniale Ausbeutungsprozesse bei denen die Europäische Union nicht nur mit Billigexporten eine große Rolle spielt, führen jedoch dazu, dass sie Ihre Heimat verlassen müssen. Viele der Flüchtenden hatten jahrelang im verhältnismäßig reichen Libyen gearbeitet – bis der Krieg ausbrach.

Die Menschen auf den geretteten Booten sind oft dehydriert, weil sie seit Tagen in der Sonne ausharren. Wichtig ist daher unter anderem eine zügige Versorgung mit Wasser, mit welchem die Sea-Watch genügend ausgestattet sein muss. Da die Crew für die körperlich und geistig anstrengenden Rettungseinsätze viel Energie braucht, gibt es an Bord immer einen Hauptverantwortlichen für das Essen. Die Sea-Watch 2 hat nun sogar eine eigene Kombüse.

Wie viele Menschen in Zukunft auf dem Mittelmeer sterben, hängt auch davon ab, welche politischen Entscheidungen in Deutschland getroffen werden. „Unter anderem gilt es, ein offenes Europa zu verteidigen. Im Diskurs gegen die menschverachtende Abschottungspolitik der Europäischen Union sind jetzt alle gefragt", sagt Ruben Neugebauer.

Sea-Watch

Sea-Watch

Sea-Watch
Sea-Watch

HUMMUS – DIE CREME DES NAHEN OSTENS

MIT KRÄUTERSALAT, LAMM-TOPPING ODER CHILI-EIERN

ZUTATEN FÜR
4 PERSONEN

FÜR DEN HUMMUS

400 *gramm* KICHERERBSEN [ROH]
1 KNOBLAUCH*zehe*
1 *EL* SALZ
300 *ml* OLIVENöl
100 *ml* MILCH
1 *EL* CUMIN [KREUZKÜMMEL GEMAHLEN]
1 *EL* SESAMPASTE [TAHINA]

FÜR DAS LAMMGULASCH

300 *gramm* LAMMGULASCH
etwas SALZ
2 ZWIEBELN
4 KAROTTEN
3 *EL* ROSINEN
400 *ml* ROTWEIN
4 GRANATÄPFEL

FÜR DEN KRÄUTERSALAT

2 TOMATEN
1 PAPRIKA
1/2 GURKE
3 *EL* OLIVENöl [AM BESTEN KALAMATA]
4 *Spritzer* HIMBEERESSIG
1/2 *Bund* PETERSILIE
1 *Bund* MINZE
1 *Bund* SCHNITTLAUCH

FÜR DIE CHILI-EIER

4 *weich gekochte* EIER
5 *kleine* CHILISCHOTEN
1/2 *Bund* PETERSILIE
1/2 *Bund* MINZE
400 *ml* OLIVENöl

Zubereitung Hummus

Die Kichererbsen über Nacht in Wasser einweichen. Am nächsten Tag für circa 5 Minuten in Wasser kochen, danach abgießen und abtropfen lassen. Die noch warmen Kichererbsen mit den anderen Zutaten pürieren und abschmecken.

Zubereitung Lammgulasch

Das Lammfleisch in einer Pfanne scharf anbraten und salzen. Danach die Zwiebeln und die Möhren schälen, würfeln und mit anbraten. Den Bratenansatz mit Rotwein ablöschen, kurz danach das Lammfleisch herausnehmen und zusammen mit den Rosinen in einen Topf geben. Dann den Gulasch mit Rotwein auffüllen und zugedeckt bei mittlerer Hitze mindestens 45 Minuten gar kochen, bis das Fleisch weich ist. Das fertige Lamm auf dem Humus anrichten und mit Granatapfelkernen bestreuen.

Zubereitung Kräutersalat

Die Tomaten, Paprika und Gurke waschen, vierteln, das Kerngehäuse herausschneiden und danach fein würfeln. Das Fruchtfleisch der Tomate mit etwas Olivenöl und einem Spritzer Himbeeressig pürieren, mit etwas Salz abschmecken und später als Dressing verwenden. Die Kräuter waschen, trockenschütteln und in mundgerechte Stücke zupfen. Den Schnittlauch auf die Länge eines Streichholzes kürzen. Alle Zutaten zu einem Salat anrichten.

Zubereitung Chili-Eier

Die Eier schälen und halbieren. Den Hummus auf einem Teller verstreichen, die Eier darauf verteilen und mit Salz würzen. Die gewaschenen Kräuter kleinschneiden, die Chilischoten entkernen und in feine Ringe schneiden. Zum Schluss über die Eier und den Hummus geben.

WELCOME DINNER
STREET ACTION

HERZLICH Willkommen & GUTEN APPETIT!

DAS WELCOME DINNER IN HAMBURG VERBINDET GEFLÜCHTETE AUS DER GANZEN WELT MIT HAMBURGERINNEN UND HAMBURGERN, DIE ZUM ABENDESSEN ZU SICH NACH HAUSE EINLADEN.

Dabei lernen viele Zugewanderte Hamburg und Ihre Bewohner auf eine ganz andere Art und Weise kennen und können gleichzeitig deutsche Essenskultur und Sprache lernen. Die Gäste kommen aus Syrien, dem Irak oder Iran, Afghanistan, Ghana, dem Senegal, Ägypten oder dem Sudan.

Die Idee der vier Gründer Ines Burckhardt, Lisa Veyhl, David Ehl und Julia Wehmeier entstand aus der Tatsache, dass viele Menschen sich gerne engagieren und die Flüchtlinge in Hamburg willkommen heißen wollten, jedoch nicht wussten wie. „Ein Abendessen im eigenen Zuhause ist etwas sehr Persönliches und eine besondere Geste der Gastfreundschaft" sagt Ines Burckhardt, eine der vielen ehrenamtlichen Helferinnen im Team, welches mittlerweile aus über 40 Leuten besteht, die unter anderem Gäste einladen und Dinner vermitteln.

Gleich im ersten Jahr der Gründung Anfang 2015 hat Welcome Dinner rund 1.000 Abendessen vermitteln können und die Nachfrage lässt nicht nach. Den Gastgebern wird bei der Auswahl der Gerichte freie Wahl gelassen, jedoch muss in bestimmten Fällen abgesprochen werden, ob spezielle Essgewohnheiten vorliegen in Bezug auf Zubereitung oder Nahrungsmittel. Das Essen ist oft nur der gemeinsame Ausgangspunkt: Viele der Teilnehmer bleiben auch nach der Vermittlung in Kontakt und bekommen bei Gegeneinladungen die Möglichkeit, die Spezialitäten und Geschmäcker aus den Herkunftsländern der geflüchteten Menschen kennenzulernen. Andere erkunden die Stadt, das kulturelle Angebot, lernen gemeinsam die Sprache oder bauen Vorurteile ab.

DAS ESSEN IST EINFACH EINE WUNDERVOLLE GRUNDLAGE FÜR EINE FREUNDSCHAFT!

GASTGEBER FÜR EIN WELCOME DINNER KÖNNEN SICH AUF DER WEBSITE ANMELDEN UNTER:
www.welcome-dinner.de

WELCOME DINNER

mit Knödeln & Geschichten

"Er müsste jetzt an der mazedonischen Grenze angekommen sein." Während sie zu acht gemütlich am gedeckten Tisch mit einem schlafenden Hund zwischen den Stuhlbeinen sitzen, befindet sich Radwans jüngerer Bruder gerade auf der Flucht von Syrien nach Europa. Das Smartphone bleibt in Reichweite, während alle die Hauptspeise genießen: Spinat-Knödel in Pilz-Soße. Die beiden Syrer Ahmad (29) und Radwan (22) sind das zweite Mal bei Amber, Peter und den Kindern zum Abendessen eingeladen. Die beiden Freunde hatten in der Unterkunft einen Flyer vom Welcome Dinner entdeckt und sich auf der Webseite angemeldet, Amber und Peter wiederum hatten sich als Gastgeber registriert. "Für uns Flüchtlinge ist es nicht einfach, mit Hamburgern in Kontakt zu treten. Meistens bleibt man mit den Leuten in der Unterkunft unter sich", erklärt Ahmad. Dabei ist es für beide enorm wichtig, Deutsch zu sprechen, um sich auf das Sprachzertifikat B1 vorzubereiten. Das Zertifikat ist eine wichtige Voraussetzung, um in Deutschland Fuß zu fassen und einen Job zu finden.

"Natürlich würden wir gern irgendwann in unsere Heimat zurückzukehren, aber aktuell haben wir wenig Hoffnung", bemerkt Radwan. Auch die an diesem Februar-Wochenende in Syrien herrschende Waffenruhe ist lediglich ein Durchatmen, die Konflikte bestehen, Waffen dominieren das Land und eine Lösung ist nicht in Sicht. Per Whatsapp kommen Nachrichten aus Damaskus, wie still es in der Feuerpause plötzlich ist. "Jeder Granateneinschlag fühlt sich an wie ein Erdbeben, das ganze Haus zittert. Man gewöhnt sich nie dran", schildert Radwan und zeigt ein Bild seines zerstörten Elternhauses und einen Selfie von seiner Flucht. Er ist mit einer Rettungsweste im Schlauchboot zu sehen – auf dem offenen Meer. Er nennt die Aufnahme Todes-Selfie und lacht. Dann wird er ernst und zeigt das nächste Foto: zwei kleine, dunkelhaarige Mädchen mit Rettungswesten. "Meine beiden kleinen Cousinen saßen im gleichen Boot. Sie können beide nicht schwimmen, ich hatte Angst um sie." Alles ist gut gegangen und die Familie lebt nun zusammen in einer Hamburger Unterkunft.

Angst, Freude, Frust und Zuversicht liegen an diesem Abend nah beieinander. Es wird viel zusammen gelacht. Ahmad wird im September 30 Jahre alt und Josy, eine Freundin der Gastgeber, erklärt ihm die deutsche Tradition mit dem Besen und dem Rathaus, die allen Unverheirateten droht. Er schmunzelt. Die beiden jungen Männer wiederum erklären, dass es in Damaskus heute mehr Nachtclubs gibt als vor dem Krieg und schildern, woraus ein typisch syrisches Frühstück besteht. Auf die Frage nach deutschem Essen verdrehen beide die Augen: Im Camp gibt es Woche für Woche den gleichen Speiseplan. Seit Monaten lautet dieser unter anderem: montags Erbsensuppe mit oder ohne Fleischeinlage, freitags stets das gleiche Fisch-Gericht und sonntags mit Glück Hähnchenspieße. Alles lasch gewürzt, alles massentauglich. Kein Wunder, dass sich viele Bewohner mit einer Plastiktüte voller Gewürze und Ketchup zum Essen aufmachen oder einen Snack aus dem Discounter-Regal vorziehen. Ist das die deutsche Küche? "Aber wenn Peter kocht, ist das was anderes! Das schmeckt großartig", betont Ahmad. Und schon serviert der sechsjährige Kalle Teller für Teller die Nachspeise mit selbstgemachtem, zimtigem Schokoladen-Eis und zart-schmelzendem Himbeer-Espuma.

"Für uns hört „Refugees Welcome" nicht mit dem Spenden von Kleidung auf und wir haben wirklich eine große Freude an diesen Abenden. Kalle und Bosse können außerdem gar nicht früh genug lernen, weltoffen zu sein und andere Kulturen kennenzulernen." Während die Kinder schon lange im Bett sind, verabschieden Peter und Amber die Gäste: "Das nächste Mal grillen wir im Garten". Schließlich haben alle den Hamburger Winter bald überstanden.

RIZ BIL BAZALIA

REIS MIT LAMM, ERBSEN UND JOGHURT-GURKEN-DIP

Der Erbsenreis ist ein einfaches und traditionelles Gericht, das in syrischen Familien oft und gerne gekocht wird. Unsere Variante wird mit Lammfleisch und einem erfrischenden Dip aufgetischt.

ZUTATEN FÜR 4 PERSONEN

2 *Gläser* REIS
1 *EL* ÖL
1/2 *kg* LAMMFLEISCH
etwas SALZ
1 1/2 *Gläser* ERBSEN [FRISCH ODER TK]
1/2 *Tasse* PINIENKERNE
1/2 *Tasse* MANDELN

FÜR DEN DIP

500 *gramm* JOGHURT
1/2 GURKE
2 *TL* GETROCKNETE MINZE
2 KNOBLAUCHZEHEN
etwas SALZ

Den Reis 10 bis 15 Minuten in Wasser quellen lassen. Das Fleisch in kleine Stücke schneiden, in etwas Öl anbraten, mit Salz würzen und danach beiseite stellen. Dann die Erbsen blanchieren (mit heißem Wasser überbrühen) und im Anschluss kurz anbraten.

Den Reis durch ein Sieb abgießen, dann in einen Topf mit etwas Öl und zwei Tassen Wasser geben und garen. Sobald das Wasser verkocht ist, den größten Teil von den Erbsen und dem Fleisch zum Reis geben. Etwas Fleisch und ein halbes Glas Erbsen beiseite stellen. Den Rest etwa 4 bis 5 Minuten auf niedriger Flamme im Topf garen. Inzwischen die Pinienkerne und die Mandeln in der Pfanne goldbraun rösten.

Für den Joghurt-Dip die Gurke fein hacken oder raspeln. Den Knoblauch abziehen und kleinhacken oder pressen. Dann in einer Schale mit dem Joghurt und der Minze verrühren. Zum Schluss mit etwas Salz abschmecken.

Nun das Gericht auf einer Servierplatte anrichten und mit den restlichen Erbsen, dem Fleisch, den Pinienkernen und den Mandeln garnieren.

BABY MOBIL

BABY MOBIL
BABY MOBIL
BABY MOBIL

Hosen groß
Rasur
Hosen klein
Bürsten Kämme

EINE *zwischenmenschliche* BEZIEHUNG

DAS BIEBERHAUS AM HAUPTBAHNHOF

Die vielen Flüchtlinge, die vor allem in der Anfangszeit in großen Gruppen mit bis zu 2.500 Menschen aus den Zügen strömen, sind müde, erschöpft und rastlos. Viele haben Hunger, benötigen Kleidung oder brauchen medizinische Versorgung – andere Hilfe bei der Planung ihrer Weiterreise. Zwischen dem vielen Leid und schlimmen Schicksalen sind es die vielen freiwilligen Helfer, die zu Hunderten jeden Tag aufs Neue zum Hamburger Hauptbahnhof kommen, die mit einem freundlichen Lächeln und einer helfenden Hand viele Tränen fürs Erste trocknen und für die ankommenden Geflüchteten humanitäre Ersthilfe leisten. Die bedingungslose und unermüdliche Hilfsbereitschaft der vielen Helfer und die Nächstenliebe untereinander halten das Projekt seit vielen Monaten Tag für Tag und Nacht für Nacht am Laufen.

Anfangs befand sich der Info-Tisch für Neuankömmlinge noch zwischen zwei Telefonzellen in der Wandelhalle des Bahnhofes. Die Helfer haben unter einer Treppe die Brote geschmiert, die wichtigsten Kleidungsstücke wurden ausgeteilt, während Geflüchtete von den Gleisen kamen. Von Außen betrachtet wirkte das ganze Geschehen wie ein einziges Chaos, doch es hatte ein System, welches sich im Laufe der Zeit zu entwickeln gelernt hat.

Anfangs im Bahnhof, später auf dem vorgelagerten Hachmannplatz wird improvisiert. Eine große multikulturelle Helfergemeinschaft in Zelten mit viel Zusammenhalt, mit gemeinsamen Tanzabenden bei schlechten Wetterbedingungen, traurigen und glücklichen Begegnungen und viel ehrenamtlichem Engagement.

Einige der Helfer haben einen eigenen Migrationshintergrund, leben entweder schon sehr lange oder erst seit ein paar Monaten in Hamburg. Durch das Miteinander und die enge Zusammenarbeit hat das Projekt auch einen Integrationscharakter. Menschen mit verschiedener Kultur oder Herkunft haben sich kennen- und respektieren gelernt. Daraus sind viele Freundschaften entstanden. Viele der deutschsprachigen Helfer und Dolmetscher geben Deutschkurse oder haben Wohnungen, sowie Arbeits- oder Ausbildungsplätze gefunden.

Durch den Umzug ins Bieberhaus und die Kooperation mit dem Paritätischen Wohlfahrtsverband Hamburg ist es wesentlich ruhiger geworden, viele Abläufe wurden professionalisiert und die Arbeit in vielen Dingen durch Räumlichkeiten und materielle Ressourcen erleichtert. Dennoch ist das Projekt auf Helfer, Spenden und die Hilfe der Stadt sowie der umliegenden Anwohner und Geschäfte angewiesen, damit es auch weiterhin möglichst viele positive Begegnungen gibt.

Babymobil

Mit der Hilfe des HVV und eines zur Verfügung gestellten Busses hat es das Helferteam um Ideengeberin Cornelia geschafft, einen Raum für geflüchtete Mütter und ihre Kinder zu schaffen. In diesem BABYMOBIL wird in Ruhe gestillt, gewickelt, gefüttert und gespielt.

Das Hauptanliegen der ehrenamtlichen Helfer ist es, die Säuglinge und Kleinkinder sowie die schwangeren Frauen zu unterstützen, zu versorgen und ihnen einen Moment der Ruhe zu geben nach ihrer langen Reise. Die Kleinsten bekommen dann Fläschchen und Babynahrung, können an einem Wickeltisch gewindelt werden, während die großen Kinder basteln, malen oder spielen.

Stullenschmierer

Es fehlt an vielen Dingen nach der langen Flucht, doch vor allem eine Versorgung der oft ausgehungerten Menschen ist essentiell. Anfangs brachten Helfer vereinzelt Lebensmittel mit, dann wurde provisorisch in Bahnhof geschmiert und verteilt, zwischenzeitlich wurde dann eine Einzimmerwohnung im Stadtteil St.Georg als Produktionsküche entwendet. Unzählige Helfer produzieren unglaublich viele Stullen, die zuvor von den Bäckern aus der Umgebung gespendet werden, und stillen somit den ersten Hunger der Ankommenden.

DIE Helfer AM HAUPTBAHNHOF

// MEIKE

„Ich bin sehr dankbar, dass ich ein Teil dieses Projektes sein darf. In den letzten sechs Monaten habe ich viele unterschiedliche Menschen und deren Lebensgeschichten aus unterschiedlichsten Kulturkreisen kennengelernt: Menschen, die jetzt zu meinem Freundeskreis zählen. Das Gefühl, täglich gemeinsam für etwas zu kämpfen, hat uns näher zusammenrücken lassen und stärker gemacht. Wir konnten tausenden Menschen auf ihrem Weg in ein neues und friedliches Leben helfen. Fest steht, dass unsere Ersthilfe zu einer Herzensangelegenheit für viele von uns geworden ist."

// JALO

Die ersten Tage damals in der Wandelhalle mitten im Hauptbahnhof waren sehr emotional - erschöpfte Frauen mit Kindern oder auch Kinder ohne Eltern, die von so weit her gekommen sind, haben unsere Hilfe benötigt. Mir ist beispielsweise eine Frau begegnet, deren Tochter wir suchen sollten. Sie stand weinend vor mir und sagte mir: „Ich küsse deine Füße, wenn du mir nur meine Tochter wieder bringst". Da schossen mir selber die Tränen in die Augen. Wir konnten die Tochter nach langer und intensiver Suche finden. Diese Zusammenführung zählt zu einer meiner schönsten Erfahrungen. Ich bin froh, ein Teil dieses Projektes zu sein. Menschen helfen Menschen - egal woher sie kommen. Dazu ist mir bewusst geworden, was für ein Glück ich habe in diesem Land, in dem Frieden und Wohlstand herrschen, zu leben. Denn viele wachsen im Krieg und in völliger Armut auf.

// TAREK

„Ich habe generell sehr viele besondere Menschen kennengelernt und mein Leben hat sich positiv verändert. Natürlich gibt es auch hin und wieder traurige Momente, aber es ist immer toll, wenn wir einem Menschen oder einer Familie helfen können. Wir haben alle ein ein warmes Zuhause und ein festes Dach über dem Kopf und arbeiten Hand in Hand. Das ist sehr schön. Die Grenzsituation ist aktuell sehr schlimm. Da sollte grundsätzlich eine andere Lösung gefunden werden. Es reicht nicht, Menschen einfach auszusperren."

// ZIA

„Ich bin von Anfang an dabei und möchte auch immer dabei bleiben, da ich es wichtig finde, anderen geflüchteten Menschen zu helfen. Ich bin froh und glücklich, dass ich so viele liebe Menschen aus verschiedenen Kulturen kennengelernt habe. Jede Begegnung ist schön und jede Begegnung ist wichtig. Ich bin dabei, weil ich selbst die Flucht aus Afghanistan erlebt habe und weiß, wie schwer die Situation für jeden einzelnen ist. Ich helfe sehr viel in der Küche und bei der Ausgabe vom Essen. Es ist schön zu sehen, wenn Menschen sich stärken können."

// JULIANA-LAYLA

„Letztendlich mache ich das Ganze von Herzen und habe es mir zur Aufgabe gemacht. Diese Erfahrungen, die ich machen durfte, sind für mich unbezahlbar und eine Bereicherung. Es sind unbezahlbare Augenblicke, wenn man einer Person mit Handschuhen oder warmen Socken helfen kann. Diese werden oft dankend mit Tränen vor Freude entgegengenommen. Die schönste Beobachtung machte ich, als ich eine Gruppe von Personen mit vielen Kindern gemeinsam mit anderen Helfern zu den Schlafplätzen im Schauspielhaus brachte. Auf einer einfachen Matratze, dort unten zwischen lachenden und weinenden Kindern, ganz hinten in einer Ecke umarmte sich ein junges Paar. Sie schauten sich voller Liebe und Erleichterung an, es endlich geschafft zu haben. Obwohl sie nicht mehr besaßen als das, was sie bei sich trugen, wirkten sie so glücklich und zufrieden. Sie waren dankbar, denn das Wichtigste hatten sie nicht verloren... Einander."

// INGA

„Schöne und auch traurige Geschichten, die Dankbarkeit der Menschen, schmerzvolle Geschichten über getrennte Familien oder den Tod der Angehörigen, zerbrochene Hoffnungen und Träume, die niemals wahr geworden sind. Ich könnte über die Tränen und das wunderschöne Lächeln von Menschen erzählen und das alles wäre trotzdem nicht genug, um alle Begegnungen zu beschreiben. Das alles ist eine wunderbare Bereicherung gewesen für uns Helfer aber auch für die Menschen, die bei uns Hilfe suchen. Ich wünsche mir, dass das Bieberhaus ein Ort bleibt, an dem Menschen ein wenig Hoffnung gegeben werden kann. Ein Ort, an dem sich jeder Mensch unabhängig von Religion, Nationalität, Kultur, Geschlecht oder Sprache geschützt fühlen und eine helfende Hand bekommen kann."

// CORNELIA

„Zu unserem Team vom Babymobil gehören auch ganz tolle Menschen, welche selber erst vor Kurzem geflüchtet sind. Wenn dann die erschöpften Familien von Leuten mit einem ähnlichen Schicksal in ihrer Landessprache empfangen werden, brechen oftmals alle Dämme. Aber sie fassen schnell Vertrauen und auf diesem Wege erfahren wir dann viel darüber, warum sie fliehen mussten und was es bedeutet, alles hinter sich zu lassen und sich auf die gefährliche Flucht zu begeben. Wir haben erlebt, wie Eltern ihre Kinder, die sie auf der Flucht verloren haben, wieder in den Arm nehmen konnten. Frauen, die zur Geburt gerade noch in letzter Minute in die Klinik kamen. Klar gibt es auch Probleme und Konflikte, aber wir alle können stolz darauf sein, was wir zusammen dort jeden Tag leisten. Gerade Im Hinblick auf die aktuellen politischen Entscheidungen und Bewegungen in Europa und Deutschland. Ich fühle mich gerade ins tiefste Mittelalter versetzt – Zugbrücke hoch und heißes Öl auf die Angreifer gießen."

MUJADARA

ARABISCHE LINSEN MIT REIS

Firas Alhater ist aus Syrien geflüchtet und mit seinen Videos, in denen er fremdenfeindliche Vorurteile abbaut, mittlerweile zum YouTube-Star avanciert.
Das syrische Gericht gehört zu den Lieblingsgerichten von Firas, der uns dazu folgendes verraten hat: „Dieses Gericht würde man auf Deutsch als Arme-Leute-Essen bezeichnen. Bei uns in Syrien ist es das jedenfalls. Es geht sehr leicht, ist lecker und kostet nicht viel. Es gab einige Zeiten in meinem Leben, da hab ich das sehr oft gegessen. Und wisst ihr was: Ich bin es immer noch nicht leid. So gut ist es!"

ZUTATEN FÜR 4 PERSONEN

- 90 *ml* OLIVENÖL
- 1 *große* ZWIEBEL
- GRÜNE LINSEN } 250 *gramm* [UNGEKOCHT]
- 150 *gramm* REIS [AM BESTEN LANGKORN]
- *etwas* SALZ & PFEFFER AUS DER MÜHLE
- 60 *ml* NATURJOGHURT [ALTERNATIV SOUR CREAM, SAURE SAHNE ODER SCHMAND]

Die Zwiebel schälen und in feine Ringe schneiden. Das Olivenöl in einer großen Pfanne erhitzen, die Zwiebelringe dazugeben und bei mittlerer Hitze 10 bis 15 Minuten braten, bis sie bräunlich sind. Dann aus der Pfanne nehmen und beiseite stellen.

Die Linsen in einen Topf geben, mit leicht gesalzenem Wasser bedecken und zum Kochen bringen. Danach die Hitze reduzieren und etwa 15 Minuten simmern lassen.

Anschließend den Reis dazu geben und mit so viel Wasser auffüllen, dass alles mit Wasser bedeckt ist. Dann mit etwas Salz und Pfeffer würzen und mit einem Deckel zudecken. Den Reis und die Linsen noch einmal 15 bis 20 Minuten bei niedriger Hitze köcheln lassen, bis sie weich sind.

Die Hälfte der Zwiebeln unter die Reis-Linsen-Mischung geben. Das Gericht auf Tellern anrichten, einen Löffel Joghurt darauf geben und mit den restlichen Zwiebeln bestreuen.

INTERVIEW MIT... AYDAN ÖZOĞUZ

BEAUFTRAGTE DER BUNDESREGIERUNG FÜR MIGRATION, FLÜCHTLINGE UND INTEGRATION, STAATSMINISTERIN

1 // SIE SIND IN DEUTSCHLAND GEBOREN, JEDOCH DIE TOCHTER AUS DER TÜRKEI EINGEWANDERTER ELTERN. WÜRDEN SIE SAGEN, DASS ES IHREN ELTERN EINFACH GEMACHT WURDE, SICH IN DEUTSCHLAND ZU INTEGRIEREN. UND HAT SICH AN DER SITUATION HEUTZUTAGE ETWAS VERÄNDERT?

Meine Eltern haben das Glück gehabt, sehr freundliche und aufgeschlossene Nachbarn zu haben. Aber ich erinnere mich leider auch noch sehr gut daran, wie abschätzig meine Eltern und viele andere Ausländerinnen und Ausländer damals von den Behörden und auf den Ämtern behandelt wurden. Man wollte ihnen das Gefühl geben, dass sie Fremde sind und nicht dazugehören. Mit der damaligen Zeit ist Deutschland heute überhaupt nicht mehr vergleichbar.

2 // IST DIE HERKUNFT IHRER ELTERN UND DEREN ODER AUCH IHRE ERLEBNISSE EIN GRUND DAFÜR, DASS SIE SICH IN DER POLITIK ENGAGIEREN?

Das hat mich natürlich geprägt. Olaf Scholz fragte mich vor vielen Jahren, ob ich nicht für die Bürgerschaft kandidieren wolle, damals noch als Parteilose. Ich habe mir das damals gut überlegt und dann zugesagt. Ich arbeitete damals in der Körber-Stiftung und brachte Politikerinnen und Politiker zusammen, ich wollte dann gerne selbst gestalten und unsere Gesellschaft prägen.

3 // WO SEHEN SIE DIE SCHWIERIGKEITEN IM UMGANG MIT DER AKTUELLEN FLÜCHTLINGSBEWEGUNG AUS DEUTSCHER SICHT?

Wir alle wissen, dass wir die Flüchtlingszahlen reduzieren müssen und gleichzeitig nicht einfach Mauern hochziehen können. Unsere Schwierigkeit ist, dass wir darauf angewiesen sind, dass endlich alle EU-Mitgliedstaaten ihren Teil der Verantwortung tragen und ebenfalls mehr Schutzsuchende aufnehmen. Das ist – zugegeben – ein sehr mühsamer und auch frustrierender Prozess. Aber ich halte es nicht für unmöglich, dass wir hier zu einer Verständigung kommen. In der EU leben mehr als 500 Millionen Menschen, bei einer fairen Verteilung wäre kein Land überfordert. Was wäre die EU denn noch wert, wenn sie aufhörte, eine Verantwortungsgemeinschaft zu sein?

3A // WELCHE PRÄVENTIVEN MAßNAHMEN MÜSSTEN EINGELEITET WERDEN UND WAS KÖNNEN WIR VOR ORT IN DEUTSCHLAND BESSER MACHEN?

Präventiv müssen wir natürlich alles versuchen, dass die Fluchtursachen bekämpft und die Menschen in den Nachbarländern der Kriegsregionen besser versorgt werden. In Deutschland muss die Verwaltung schneller werden, sodass die Flüchtlinge möglichst schnell erfahren, ob sie bleiben können oder nicht. Frauen und Kinder brauchen Unterkünfte, in denen sie sicher sind. Die Ehrenamtlichen benötigen noch mehr Unterstützung von Hauptamtlichen, eine richtige Struktur und Koordinierung. Investitionen in Kitas, Schulen und sozialen Wohnungsbau werden für alle gemacht, nicht allein für Flüchtlinge. Es kann nicht unser Anspruch sein, nur die Obdachlosigkeit von Flüchtlingen zu vermeiden, wir wollen die Menschen, die bei uns bleiben, auch integrieren.

4 // NEBEN HANDELSABKOMMEN, RELIGIONEN UND KRIEGEN IST AUCH DER HUNGER EIN GRUND FÜR DAS FLÜCHTEN DER MENSCHEN. HABEN SIE SICH HIER IN DEUTSCHLAND EIN BILD DAVON MACHEN KÖNNEN, OB DIE VERSORGUNG DER MENSCHEN AUSREICHEND IST?

Hunger ist eine der schlimmsten Kriegswaffen, wie wir wissen, werden bestimmte Städte in Syrien regelrecht von der Essensversorgung abgeschnitten, aus politischem Kalkül. Einen Hunger, der einen Menschen zur Flucht treibt – so etwas können wir uns, glaube ich, gar nicht vorstellen. In den Flüchtlingsunterkünften in Deutschland gehört das Essen zur Grundversorgung.

5 // GERADE IN DEUTSCHEN GROßSTÄDTEN PROFITIEREN WIR VON DER UNGLAUBLICHEN VIELFALT AN AUSLÄNDISCHEN RESTAURANTS UND GERICHTEN. AN WELCHE GERICHTE AUS IHRER KINDHEIT ERINNERN SIE SICH GERNE ZURÜCK?

Wir haben ja zu Hause eine sehr vielfältige Küche genossen – vor allem türkische Gerichte. Deshalb war es etwas Besonderes, am Sonntag mal in den Wiener Wald zu gehen und „Gulasch mit Spätzle" zu essen.

6 // KOCHEN SIE SELBER HEUTE EHER TÜRKISCH ODER DEUTSCH?

Ich koche insgesamt nicht sehr oft, aber in letzter Zeit gerne auch wieder häufiger türkisch.

7 // GIBT ES EINE BESONDERE GESCHICHTE IN BEZUG AUF ESSEN, DIE SIE GERNE MIT UNS TEILEN WÜRDEN?

Als Kind habe ich öfter Joghurt auf Fleisch oder Essen gegeben – wie es bei uns üblich war. Ständig musste ich mir deshalb anhören, wie absonderlich das sei, Joghurt wäre doch ein Nachtisch. Ich dagegen fand Joghurt als Nachtisch merkwürdig. Später war es dann doch lustig, dieselben Leute dabei zu beobachten, wie sie auf alles Tsatsiki kippten oder ihren Döner mit Joghurtsauce genüsslich verzehrten.

MANTU & BOLANI in BERLIN-WEDDING

JALAL UND LEILA SIND 2014 AUS AFGHANISTAN NACH DEUTSCHLAND GEKOMMEN. NACH DER FLUCHT AUS MAZAR SHARIF LEBEN SIE NUN IN BERLIN MIT IHREM SOHN AMIR ALI UND HABEN UNS ZUM GEMEINSAMEN KOCHEN VON TRADITIONELLEN AFGHANISCHEN GERICHTEN EINGELADEN.

Jalal arbeitet als Filmemacher und Editor in Kabul, bevor er aufgrund verschiedener Probleme in seinem Heimatland die Entscheidung trifft, nach Europa zu gehen. Als er mit seinem Team zu einem Filmfestival in Paris eingeladen ist, nutzt er seine Chance. Seine Frau Leila holt er über Umwege nach und gemeinsam ziehen sie nach Berlin, das Jalal bereits von einem Besuch der Berlinale kennt.

Beide möchten arbeiten, die Duldung und die Asylbewerbung sind jedoch noch ungeklärt. Trotzdem leben die beiden glücklich für den Moment in einer kleinen Wohnung im Berliner Stadtteil Wedding. Schwierig wird es aber einen Kindergarten für Sohn Amir Ali zu finden, da es aktuell sehr schwer ist, an Informationen zu kommen, und die Stätten durch die Anzahl der Flüchtlingskinder überlastet sind.

"Es ist schwer, eine Perspektive zu sehen, wenn es niemanden gibt, der sie einem aufzeigt und erläutert", sagt Jalal. Ein Trost sind die aufgeschlossenen Menschen in der Nachbarschaft und die kleine afghanische Community. Daher gibt es auch weiterhin vermehrt die traditionelle Küche aus der Heimat. Die Zutaten gibt es bei den vielen kleinen arabischen und türkischen Läden in Berlin.

"Für uns wirkt es so, als würden sich die Deutschen weniger mit Kochen beschäftigen als wir. Das liegt aber sicherlich auch einfach daran, dass viele sehr hart und lange arbeiten und einfach die Zeit für das Kochen fehlt" beschreibt Leila die Situation.

Bei unserem Besuch gibt es Mantu und Bolani. Mantus erinnern an Teigtaschen, gefüllt mit Lammfleisch und Zwiebeln, die nach einer Garzeit von 30 Minuten mit Joghurt, Linsen und Minze serviert werden. Diese kommen gerne bei großen Familienfesten auf den Tisch. Bolani sehen aus wie riesige Maultaschen gefüllt mit Frühlingszwiebeln und Kartoffeln und sind ein sehr typisches Street Food Gericht in Afghanistan. Heute dann eben in Berlin-Wedding.

MANTU

AFGHANISCHE TEIGTASCHEN

Für dieses Rezept haben wir eine afghanische Familie in Berlin-Wedding besucht. Jalal und seine Frau Leila verwöhnten uns mit diesem traditionellen Gericht, das vor allem bei Familienfesten auf den Tisch kommt und zu den beliebtesten Speisen in Afghanistan gehört. Als Beilage gab es Bolanis, gefüllte Maultaschen mit Gemüse. Aber auch Fladenbrot passt sehr gut.

ZUTATEN FÜR 4 PERSONEN

250 *gramm* MEHL
1 *Pck.* HEFE
150 *ml* WASSER
4 *TL* ÖL
1 *TL* SALZ
500 *gramm* HACKFLEISCH [VOM RIND ODER LAMM]
etwas ÖL *zum Braten*
etwas SALZ & PFEFFER
500 *gramm* ZWIEBELN
500 *ml* JOGHURT
1 KNOBLAUCHZEHE
200 *gramm* KICHERERBSEN
etwas TOMATENMARK
1 *TL* PAPRIKA *edelsüß*
1 *TL* KREUZKUMMELPULVER
1 *TL* KURKUMA
1 *EL* GETROCKNETE MINZE
1 *TL* FRISCHER KORIANDER

Für den Teig das Mehl mit der Hefe, dem Wasser, dem Öl und dem Salz in eine Schüssel geben und mit den Händen vermischen. Bei Bedarf noch etwas Mehl hinzufügen, bis der Teig weich wird und nicht mehr an den Händen klebt. Dann 30 Minuten ruhen lassen.

Das Hackfleisch in etwas Öl in einer Pfanne anbraten und mit Salz und Pfeffer abschmecken. Einen kleinen Teil der Zwiebeln kleinschneiden und unter das Hackfleisch mischen. Danach das Fleisch abkühlen lassen.

Den Teig rollen und in möglichst dünne kleine Vierecke schneiden. Das Hackfleisch auf die Teigstücke legen und die Ecken zusammenkleben. Dann die Mantus in einem Dampfgartopf legen und mit Wasser für etwa 30 Minuten dämpfen. Wer keinen Gartopf hat, verwendet einfach einen großen Topf, der unten mit kochendem Wasser befüllt ist. Dann ein Sieb einhängen und die Mantus über dem Wasserdampf dämpfen. Wichtig: Die Teigtaschen dürfen das Wasser nicht berühren.

Für den Eintopf die restlichen Zwiebeln klein hacken und mit Öl in einem weiteren Topf anbraten. Das Tomatenmark und die Gewürze hinzufügen. Kurz danach die Kichererbsen hinzugeben, den Topf mit Wasser füllen und solange kochen lassen, bis die Kichererbsen weich sind.

Den Joghurt mit klein gehacktem Knoblauch sowie Salz verrühren und auf einen Teller geben. Die Mantus dazulegen und noch etwas Joghurt hinzugeben. Zum Schluss alles mit getrockneter Minze oder etwas Koriander garnieren.

ENIS ALUSHI

FUSSBALLSPIELER BEIM FC ST. PAULI

EINE FLUCHT INS GLÜCK

ALS ENIS ALUSHI SECHS JAHRE ALT WAR, FLOH ER MIT SEINER FAMILIE AUS DEM KOSOVO NACH DEUTSCHLAND. MIT FUSSBALLSPIELEN LENKT ER SICH VOM SCHWIERIGEN LEBEN AB.

Beim FC St. Pauli ist Enis Alushi ein Schlüsselspieler. Der spielstarke Sechser ist unter Ewald Lienen gesetzt und hat entscheidenden Anteil am kontinuierlichen Aufstieg der Mannschaft. „Ich bin sehr gerne Teil dieser Mannschaft und dieses Vereins. Der FC St. Pauli ist etwas ganz Besonderes", sagt der 30-jährige.

Sein Weg in dieses Leben war hart. Als Alushi 1985 in Titova Mitrovica geboren wird, war der Ort eine serbische Provinz. „Neunzig Prozent der Bevölkerung waren Albaner", erinnert er sich. Als die Serben 1989 unter Milosevic den Status des Kosovo als autonome Republik aufhoben, wurde die albanische Bevölkerung systematisch diskriminiert. Auch die Eltern von Enis Alushi trifft es hart. „Mein Vater war ein ranghoher Polizist. Von einem Tag auf den anderen verlor er seinen Job", erinnert sich Enis, der damals sechs Jahre alt war und in die erste Klasse ging. Eines Tages aber wurde ihm der Zugang zur Schule verwehrt. Albanische Kinder sollten keinen Unterricht mehr bekommen. Enis Vater erkennt die Unberechenbarkeit der Gefahr sofort und handelt schnell. Er wandert nach Deutschland aus, findet Arbeit bei der Polizei und bereitet den Nachzug seiner Familie vor.

EIN LEBEN IN CONTAINERN UND WALDHÜTTEN

Sechs Monate später kommen Enis, seine beiden Geschwister und die Mutter nach. „Wir haben in einem Flüchtlingslager in Bergkamen gewohnt. Unser Zuhause war ein Wohncontainer", erinnert sich Enis. Weil der Asylantrag aber zunächst abgelehnt wird, muss die Familie nach zwei Monaten wieder zurück in die Heimat. „Wir lebten dann ein halbes Jahr im Kosovo bei unserer Großmutter, während unser Vater in Deutschland versuchte, eine Aufenthaltserlaubnis für uns zu bekommen", sagt Enis. Obwohl die Zusage noch nicht vorliegt, flieht die Familie vor den immer schlimmer werdenden Zuständen im Kosovo erneut nach Deutschland. Die Reise führt sie per Bus über Ungarn und Österreich. Mit gefälschten Ausweisen passieren sie die Grenze. Weil sie illegal in Deutschland sind, wohnen sie sechs Monate lang in einer Ein-Zimmer-Waldhütte im Sauerland. „Irgendwann kam dann mein Vater mit dem genehmigten Asylantrag und wir waren endgültig sicher. Ich erinnere mich noch, wie groß die Erleichterung bei uns allen war", sagt Enis. 1993 war das.

Enis lernt schnell die deutsche Sprache und verbringt viel Zeit auf dem Fußballplatz, wo sich sein Talent rasch herumspricht. Vom TV Oberhunden über die Sportfreunde Siegen und Borussia Dortmund landete Enis später beim 1. FC Köln, wo er sein erstes Spiel als Profi absolviert. Es folgen die Stationen SV Wehen Wiesbaden, SC Paderborn und 1. FC Kaiserslautern, bevor er 2014 ans Millerntor wechselt. Die Flucht aus seinem Heimatland hat es ihm ermöglicht, seinen Traum vom Profifußball auszuleben.

„WIR SIND ALLE MENSCHEN"

„Ich führe heute ein sehr glückliches Leben. Ich habe eine zweite Heimat gefunden und muss keinen Krieg fürchten", sagt Enis. Die aktuelle Flüchtlingskrise aber macht ihn nachdenklich. „Ich weiß, was es bedeutet, sein Zuhause verlassen zu müssen und in Angst zu leben. Deshalb wünsche ich mir, dass diesen Menschen verständnisvoller begegnet wird", betont der Kicker. Er ist fest davon überzeugt, dass alle Menschen davon profitieren, wenn neue Sprachen, Kulturen und Mentalitäten nach Deutschland kommen. „Wir sind alle Menschen und wir sollten aufeinander aufpassen", stellt der 30-Jährige klar.

Wenn Enis und seine Familie zusammenkommen, kochen sie gerne traditionell albanische Gerichte. „Das gibt uns ein Gefühl von Heimat und Geborgenheit. Immerhin habe ich noch viele Familienmitglieder im Kosovo", berichtet Enis. Extra für dieses Buch hat Enis seiner Mutter ein Geheimrezept entlocken können.

PIKANTE HÄHNCHENSCHENKEL

MIT GEMÜSEREIS

Der Fußballprofi Enis Alushi ist mit seiner Familie vor dem Krieg aus dem früheren Jugoslawien geflohen. In seiner ehemaligen Heimat, dem Kosovo, gibt es viele traditionelle Rezepte, die unter anderem auch der deutschen oder türkischen Küche ähneln. So auch dieses Rezept von Enis' Mutter.

ZUTATEN FÜR 4 PERSONEN

- 4 HÄHNCHEN-*Schenkel*
- *etwas* SALZ
- *etwas* OLIVENÖL [ZUM BRATEN]
- 2 *EL* PAPRIKAPULVER
- *etwas* SCHWARZEN PFEFFER
- 300 *gramm* REIS
- 2 ZWIEBELN
- 4 KAROTTEN [AM BESTEN MIT GRÜN]

Die Hähnchenschenkel salzen und bei mittlerer Temperatur mit etwas Öl in der Pfanne goldbraun braten. Den Backofen auf 165° C vorheizen. Wenn die Hähnchenschenkel goldbraun sind, das Fleisch aus der Pfanne nehmen und etwas abkühlen lassen. Dann mit dem Paprikapulver einreiben, mit etwas Pfeffer würzen und mit der Hautseite nach oben auf ein Backblech legen. Danach für circa 15 Minuten im Backofen fertig garen.

Den Reis waschen und in gesalzenem Wasser gar kochen. Die Zwiebeln und die Karotten schälen, kleinschneiden und beides separat in gesalzenem Wasser kurz blanchieren (überbrühen). Je nach Größe der Karotten und Zwiebeln dauert das unterschiedlich lang. Wichtig: Das Gemüse sollte nicht verkocht sein, sondern noch etwas Biss haben.

Den gekochten Reis in ein Sieb geben und abtropfen lassen. Dann die Karotten und die Zwiebeln mit dem heißen Reis vermischen. Den Gemüsereis auf eine große Platte geben und die Hähnchenschenkel darauf anrichten. Wer möchte kann noch etwas Grün von den Karotten zum Garnieren verwenden.

Guten Appetit!

„NICHT MECKERN, *machen!*"

MORITZ HEISLER IST EIN MANN DER TAT.

UM DIE LEBENSSITUATION DER FLÜCHTLINGE IN HAMBURG ZU VERBESSERN, RUFEN ER UND EINIGE WEITERE HELFER DIE „KLEIDERKAMMER MESSEHALLEN" INS LEBEN. SCHNELL WIRD DARAUS DIE GRÖẞTE HAMBURGER HILFSAKTION NACH DEM ZWEITEN WELTKRIEG.

Mehr als 1.000 Flüchtlinge leben von August bis November 2015 in der provisorischen Erstaufnahmestelle auf dem Hamburger Messegelände. Als Moritz Heisler und seine Freunde davon erfahren, sammeln sie Kleidung, Spielzeug, Hygieneartikel und andere Sachspenden und bringen sie persönlich zur Messehalle. Die Zustände vor Ort beschämen ihn: „Da saßen Familien hinter Bauzäunen, Kinder haben auf Betonböden gelegen. Das passte nicht zu meinem Weltbild. So sollte niemand leben müssen, erst recht nicht in einer reichen Stadt wie Hamburg", sagt der 31-jährige.

Und so entschließt er sich anzupacken. Er ist einer der Gründer der „Kleiderkammer Messehallen" und koordiniert fortan mit sechs weiteren Organisationen die Annahme und Verteilung von Sachspenden. Eine eigens eingerichtete Website informiert tagesaktuell darüber, was gebraucht wird – und was nicht. Es gibt Aufrufe über die eigene Facebookseite, Interviews in den Medien und sogar eine eigene Logistik-Software. Was klein anfängt, entwickelt sich schnell zur größten Hilfsaktion in ganz Hamburg nach dem Zweiten Weltkrieg. Zwischenzeitlich arbeiten mehr als 500 freiwillige Helfer in den Messehallen. Insgesamt sortieren und verteilen sie mehr als 200 Tonnen Sachspenden. „Das war bundesweit beispiellos. Natürlich hat uns die Nähe zu St. Pauli und seinen engagierten Bewohnern geholfen. Am Ende kamen die Leute aber aus der ganzen Stadt und sogar aus dem Umland, um ihre Spenden abzugeben. Das war überwältigend", sagt Moritz. Auch der FC St. Pauli und zahlreiche Initiativen aus der Stadt helfen mit. Tim Mälzer zum Beispiel bekochte mehrere Wochen lang die freiwilligen Helfer, die teilweise bis an ihre Grenzen gingen. Moritz Heisler arbeitet bis zu zehn Stunden am Tag in der Halle. „Meinen eigentlichen Hauptjob habe ich zu der Zeit etwas vernachlässigt. Aber mein Arbeitgeber hat mich voll unterstützt", sagt der studierte Logistiker.

Als die Flüchtlinge im November 2015 die Halle verlassen, übergibt Moritz das Projekt an den Verein „Hanseatic hilft", der sich bis heute um die Verteilung von Sachspenden für Flüchtlinge kümmert. „Es fühlt sich wunderbar an, etwas Gutes auf den Weg gebracht zu haben", sagt Moritz, der sich seitdem weiter für Hilfsbedürftige engagiert. „Meine Hoffnung ist, dass diese Hilfsbereitschaft nicht nachlässt. Nach meinen Eindrücken aus der Zeit in den Messehallen bin ich mir sicher, dass wir das gemeinsam schaffen. Die meisten Menschen haben verstanden, dass es nichts bringt zu meckern. Man muss auch machen", sagt er.

MEIN REZEPT IST DIE *Königin* DER GERICHTE

PHILMON AUS ERITREA

Bei uns zuhause in Eritrea stand jeder mal am Herd und rührte im Kochtopf. Meine Mutter, meine Geschwister und ich können die klassischen Rezepte aus dem Effeff, so dass jeder in der Küche spontan übernehmen kann, wenn die anderen gerade beschäftigt sind.

Das Gericht, das ich ausgewählt habe, hat meine Mutter früher für uns gekocht: Es ist ein Klassiker in der eritreischen Küche, sehr würzig, sehr lecker und einfach zuzubereiten. Aber das Besondere ist: Man bereitet den Schmortopf nur für Menschen zu, die einem sehr wichtig sind.

Eine der Hauptzutaten des Tsebhis ist das Dörrfleisch. Dieses luftgetrocknete Fleisch ist in Eritrea typisch, durch die Zubereitungsweise wird das Fleisch lange haltbar gemacht. Oft haben wir zusammen mit anderen Familien ein Schaf oder gar einen Ochsen geteilt und geschlachtet. Gerecht aufgeteilt haben wir das Fleisch dann in lange, schmale Streifen geschnitten, es in einer Mischung aus Öl und Salz mariniert und dann auf Leinen gehängt, die unter dem Dach in unserem Haus befestigt sind. Je nach Wetter hängt es dort dann mindestens vier Tage, um zu trocknen. Dann kann man es monatelang verwenden – zum Beispiel für mein Lieblingsgericht.

Manchmal sehe ich meine Mutter jetzt vor mir, wie sie daheim im großen Topf rührt und für uns Essen zubereitet. Dann ist die Sehnsucht nach meiner Familie enorm. Aber ich musste weg, ich musste Eritrea verlassen.

Mir gelang die Flucht in den Sudan, unser Nachbarland. Es war nie mein Ziel, Afrika den Rücken zuzukehren und nach Europa zu fliehen. Ich wollte in der Nähe meiner Familie bleiben, in der Hoffnung, dass sich die Lage in Eritrea ändert. Aber es war ein Leben ohne Perspektive, das Warten war zermürbend und ich zog weiter. Ich schaffte es bis nach Libyen, von dort aus ging es drei Tage über das Mittelmeer nach Italien und weiter nach Hamburg. Vier Jahre dauerte die Flucht insgesamt. Jetzt bin ich hier, lebe mittlerweile in einer WG auf St. Pauli und ich habe das erste Mal seit Jahren keine Angst mehr. Das macht mich glücklich.

TSEBHI QUANTA

ERITREISCHER SCHMORTOPF

Auf den ersten Blick ein ganz normales Gericht, tatsächlich ist der Schmortopf aber die Königin der eritreischen Gerichte. Denn man bereitet ihn nur für diejenigen zu, die man schätzt und liebt. Unser Rezept ist von Philmon.

ZUTATEN FÜR 4 PERSONEN

250 *gramm* ZWIEBELN

etwas ÖL *zum Anbraten*

1-3 *EL* CHILIPULVER

GESCHÄLTE TOMATEN
ODER TOMATENMARK } 300 *gramm*

1 KNOBLAUCH*zehe*

ENTWEDER:

300 *gramm* DRY MEAT
[FERTIGES TROCKENFLEISCH, KLEIN GESCHNITTEN, AUS DEM AFRO-SHOP]

ODER:

RINDERROULADEN-FLEISCH } 800 *gramm*
[ZUM DRY MEAT SELBER MACHEN]

1 *TL* SALZ

etwas KNOBLAUCH

etwas BUTTER

Die Zwiebeln schälen und kleinschneiden. Dann in einer Pfanne so lange in Öl anbraten, bis sie hellbraun sind. Dann je nach gewünschtem Schärfegrad etwas Chilipulver und die Tomaten dazugeben.

Anschließend einen halben Liter Wasser hinzufügen, das Trockenfleisch mit dem Salz und etwas Knoblauch dazugeben, alles gut verrühren und auf kleiner Flamme köcheln lassen.

Zum Schluss mit der Butter abschmecken und servieren.

[DRY MEAT SELBER MACHEN]

Wer das Dry Meat selber machen möchte, schneidet dafür das Rouladenfleisch in dünne Streifen und mariniert es nach Belieben, zum Beispiel mit verschiedenen Gewürzen oder Sojasauce. Danach die Fleischstreifen gut ausgebreitet auf ein Backblech legen und bei 60° C im Ofen so lange trocknen, bis es gut durchgetrocknet ist.

Nach der Zubereitung des Dry Meats den Schmortopf wie oben beschrieben kochen.

KITCHA

KNUSPRIGES, DÜNNES WEIZENBROT

Das knusprige Brot wird in afrikanischen Ländern zu verschiedenen Speisen gereicht und ersetzt oftmals das Besteck. Gemüse und Fleisch werden auf dem hauchdünnen Brot angerichtet und dann einfach mit der Hand gegessen.

Philmon aus Maidma, Eritrea, hat uns dieses Rezept geliefert. In seiner Heimat hat er als Krankenpfleger gearbeitet, bevor er nach Deutschland gekommen ist.

ZUTATEN FÜR 4 PERSONEN

2 *Tassen* WEIZENMEHL
1 *Tasse* WASSER
etwas SALZ
etwas GHEE *oder* GEKLÄRTE BUTTER

Das Mehl mit dem Salz und dem Wasser gut vermengen, kneten und nach Bedarf noch so viel Wasser hinzugeben, dass der Teig elastisch ist.

Danach die Teigmasse in vier Portionen aufteilen und sehr dünn ausrollen.

Eine Pfanne mit dem Ghee erhitzen und den Teig hineingeben. Dann das Brot von beiden Seiten so lange braten, bis es braun und knusprig ist.

Am Besten noch warm servieren.

INTERVIEW MIT... MEGALOH

DEUTSCHER RAPPER AUS BERLIN-MOABIT

1 // DU BIST IN DEUTSCHLAND GEBOREN, DEINE ELTERN KOMMEN AUS NIGERIA UND DEN NIEDERLANDEN. HABEN DEINE WURZELN DIR DEIN LEBEN IN DEUTSCHLAND EHER ERSCHWERT ODER ERLEICHTERT?

Wahrscheinlich eher erschwert und es ist trotzdem etwas, das ich nicht missen möchte - dieser kulturelle Reichtum!

2 // WIE GROß IST DIE BEDEUTUNG DER HERKUNFT DEINER ELTERN UND DEREN HEIMATLAND FÜR DICH UND WELCHE ZUSAMMENHÄNGE GIBT ES IN DEINEM TÄGLICHEM LEBEN UND UMFELD?

Die nigerianischen Wurzeln meiner Mutter spielen für mich eine größere Rolle auf der Suche nach Identität. Bedingt durch die Tatsache, dass meine beiden Eltern „hautfarben-technisch" nicht so aussehen wie ich, hat sich meine Identität aus der eigenen Persönlichkeit entwickelt.

3 // WO SIEHST DU DIE SCHWIERIGKEITEN IM UMGANG MIT DER AKTUELLEN FLÜCHTLINGSBEWEGUNG AUS DEUTSCHER SICHT?

Vor allem sind die vielen Fehlinformationen und die Angst-Mache ein Problem. Die Medien spielen dabei eine große Rolle.

4 // GERADE IN DEUTSCHEN GROßSTÄDTEN PROFITIEREN WIR VON DER UNGLAUBLICHEN VIELFALT AN AUSLÄNDISCHEN RESTAURANTS UND GERICHTEN. AN WELCHE GERICHTE AUS DEINER KINDHEIT ERINNERST DU DICH GERNE ZURÜCK?

Ich erinnere mich an verschiedene Dinge, wie zum Beispiel die Occra Soup, die Egussi Soup oder die Pepper Soup.

5 // GIBT ES EINE BESONDERE GESCHICHTE IM BEZUG AUF ESSEN, DIE DU GERNE MIT UNS TEILEN WÜRDEST?

Bis zu meinem 20. Lebensjahr hat meine Mutter felsenfest behauptet, dass ich kein afrikanisches Essen essen könne, da es für mich zu scharf wäre. Was natürlich überhaupt nicht stimmt!

6 // DU BIST EIN ERFOLGREICHER MUSIKER, DER FRÜHER AUF ENGLISCH UND NUN AUF DEUTSCH RAPPT. FRÜHER GEHÖRTE DIR DEIN EIGENES LABEL UND DU BIST AUF PLATTEN VIELER KÜNSTLER ZU HÖREN. BIST DU DAMIT EIN VORBILD FÜR VIELE JUGENDLICHE MIT AUSLÄNDISCHEN WURZELN, DENEN ES NICHT IMMER EINFACH GEMACHT WIRD IN DEUTSCHLAND?

Ich versuche ein Vorbild zu sein, aber am Ende des Tages suchen sich die Leute ihre eigenen Vorbilder.

7 // DU ENGAGIERST DICH AUF VERSCHIEDENEN EBENEN FÜR SOZIALE THEMEN UND WARST ZULETZT MIT VIVA CON AGUA IN UGANDA. WAS HAT DICH DORT ERWARTET UND WAS GENAU HAST DU VOR ORT GEMACHT?

Wir sind nach Uganda geflogen, um dem Thema Wasser und Sanitärversorgung mehr Aufmerksamkeit zu schenken und vor allem den gerade in der Gründung befindlichen Verein VIVA CON AGUA KAMPALA zu empowern, damit Viva con Agua auch endlich ein afrikanischer Verein wird und damit auch das Bild vieler Europäer vom afrikanischen Kontinent oder von Ländern wie Uganda positiv verändert. Vor Ort haben wir vor allem viel Musik gemacht, einen Song aufgenommen und getanzt. Die Künstler haben in Workshops oder auch auf eigene Faust die Message „Water is Life" an die Wände Kampalas gemalt und wir haben dazu ein Musikvideo gedreht. Mehr will ich nicht verraten. Macht Euch selbst ein Bild davon!

ZIGNI

ERITREISCHE FLEISCHSUPPE MIT BERBERE

Die eritreische Fleischsuppe wird in Philmons Heimat Eritrea traditionell aus einem großen Topf gegessen, in den alle, die sich darum versammeln, Brot hineindippen, um die würzige Suppe zu essen.

ZUTATEN FÜR 4 PERSONEN

- 3 *große* ZWIEBELN
- 150 *ml* ÖL
- 2-3 *EL* BERBERE [ERITREISCHE GEWÜRZMISCHUNG]
- 250 *gramm* GESCHÄLTE TOMATEN [AUS DER DOSE]
- 2 KNOBLAUCHZEHEN
- 500 *gramm* RINDFLEISCH
- 1/2 *TL* MUSKAT
- *etwas* SALZ & PFEFFER
- *etwas* ZUCKER
- *etwas* FRISCHER KORIANDER

Die Zwiebeln schälen, kleinschneiden und in Öl anbraten. Wenn sie bräunlich sind, das Berbere und etwas Wasser dazugeben und verrühren. Danach alles 10 Minuten vor sich hin köcheln lassen.

Die Tomaten zerkleinern, den Knoblauch fein hacken und zu den Zwiebeln geben. Dann alles gut unterrühren und ziehen lassen.

Währenddessen das Fleisch in kleine Würfel schneiden, zum Zigni dazugeben und etwa 20 Minuten mit garen. Zuletzt noch eine halbe Tasse Wasser hinzufügen und auf kleiner Flamme weitere 15 Minuten köcheln lassen.

Zum Schluss mit Muskat, Salz, Pfeffer und Zucker abschmecken und mit Koriander garnieren.

UNSERE SPRACHE IST Fußball

DER FC LAMPEDUSA IST VIEL MEHR ALS EIN FUSSBALLPROJEKT. DER VEREIN BIETET NICHT NUR EINE ANLAUFSTELLE FÜR NEU ANGEKOMMENE GEFLÜCHTETE, SONDERN SORGT AUCH DAFÜR, DASS IM TEAM NEUE FREUNDSCHAFTEN GEKNÜPFT UND WERTE VERMITTELT WERDEN. UND GANZ NEBENBEI ZEIGEN DIE EHRENAMTLICHEN TRAINERINNEN AUCH NOCH, WIE EINFACH DIE VERBRÜDERUNG VERSCHIEDENER KULTUREN IST.

Angefangen mit der auf St. Pauli aufgenommenen „Lampedusa in Hamburg" Gruppe, vereint der Verein mittlerweile Geflüchtete aus Somalia, Eritrea, Syrien, Afghanistan und weiteren Ländern. Als 2012 in der St. Pauli Kirche eine Gruppe von 80 afrikanischen Männern aufgenommen wurde und dadurch Berühmtheit erlangte, dass sich ihnen anstelle der Politik vor allem der FC St. Pauli und dessen Fans, der Fanladen, die Ultras Sankt Pauli und die Bewohner des Viertels annahmen, gab es ein halbes Dutzend Ex-St. Pauli Spielerinnen, dass sich bereit erklärte, ein Fußballprojekt auf die Beine zu stellen, das bis heute Bestand hat. Nach der Arbeit und am Wochenende wurden mit Hilfe von Unterstützern und Spenden Spiele vereinbart, Trainingszeiten organisiert und Ausrüstungen besorgt. Die Trainingsorte sind bis heute geheim – zum einen um der Stadt keine Auskünfte über die Aufenthaltsorte der Flüchtlinge zu geben, zum anderen aus Selbstschutz. Schon damals, nach der Ankunft der Lampedusa-Gruppe, mussten USP, der Fanladen und andere Anwohner nachts vor der St. Pauli Kirche Wache stehen, um die Sicherheit der Geflüchteten zu garantieren. Als Dank für diese mittlerweile langjährige Unterstützung kocht das Team ab und an im Fanladen vor Heimspielen des FC St. Pauli, um den vielen Helfern etwas zurückzugeben.

In einer richtigen Liga wird bis heute nicht gespielt, denn dafür benötigen die Kicker Spielerpässe. Diese wiederum gibt es nur mit Meldebescheinigung, Krankenversicherung und einer Abfrage im Heimatland. Gerade im Fall von politisch verfolgten Geflüchteten keine Option. Die Stadt Hamburg hat sich in den letzten Jahren nicht gerade mit Ruhm bekleckert: Es sind Fälle von Mitspielern bekannt, die trotz vorliegenden Arbeitsverträgen über Monate auf ihre befristete Duldung warten mussten. Schlimmer noch sind sich häufende nächtliche Abschiebungen des Staates vor allem von Balkan-Flüchtlingen. Teammitglieder verschwinden von einem Tag auf den anderen, weil sie nicht als Kriegsflüchtlinge anerkannt werden. Auch bei einem bosnischen Mitglied des FC Lampedusa kam es ohne Vorwarnung mitten in der Nacht.

Sein Bett im Container wurde an einen seiner syrischen Freunde aus dem Team übergeben. Der junge Spieler konnte es jedoch nicht mit sich vereinbaren, das Bett seines vermissten Freundes zu nutzen und schlief stattdessen wochenlang auf dem Fußboden, weil er nicht akzeptieren konnte, wieso er der „bessere" Geflüchtete sein soll.

Geschichten wie diese zeichnen das Projekt aus. Es repräsentiert mehr als eine Gruppe, denn im März 2015 wurde das Team für Geflüchtete aller Herkunftsländer und Altersklassen geöffnet. Selbst eine von HSV-Fans ins Leben gerufene Initiative schickt inzwischen neue Teammitglieder. Es kommen immer wieder neue Spieler hinzu, während andere ohne Vorzeichen von heute auf morgen verschwinden. Wiederum andere sind als sogenannte Transitflüchtlinge auf der Durchreise und verlassen Hamburg und das Team nach kurzem Aufenthalt und Weiterreise zu ihrem eigentlichen Reiseziel.

Mittlerweile setzt sich das Team aus gerade angekommenen Geflüchteten bis hin zu Spielern zusammen, die inzwischen die deutsche Staatsbürgerschaft erworben haben. Gespielt wird etwa bei anti-rassistischen Turnieren deutschlandweit unter dem Einsatz der weiblichen Trainerinnen, die auch abseits des Platzes Geborgenheit geben und manchen Spielern eine Art mütterlichen Ersatz bieten.

Die Trainerinnen Hagar und Nico erzählen uns, dass es vor einiger Zeit auch eine Kontaktaufnahme des GSD Lampedusa von der italienischen Insel gab. Der Präsident gab zu Protokoll, dass es ihn und die Anwohner stolz mache, dass sich ihr Ort als Name verbreitet hat, an dem die Geflüchteten gut behandelt wurden. Mittlerweile spielt zwar keiner der ursprünglichen Lampedusa-Gruppe mehr im Team, der Name bleibt dennoch – auch als Symbol: ein Symbol für die Festung Europa, gegen dessen Dublin III-Politik mit dem Projekt auch ein Statement gesetzt wird. Der FC Lampedusa ist damit viel mehr als ein Fußballverein. Er ist politischer Ausdruck, Verbrüderung und gesellschaftliche Relevanz in einem.

TineStafetten
2008

GHANAISCHES FUFU

AFRIKANISCH KOCHEN MIT IBRAHIM

Ibrahim ist ein Mitglied der bekannten Lampedusa-Gruppe und kam bereits im Dezember 2012 als einer der ersten Geflüchteten über die Mittelmeerroute am Hamburger Bahnhof an. Fufu ist eines der beliebtesten Gerichte in Ghana und ganz Westafrika. Traditionell wird er zusammen mit würzigen Suppen oder Soßen zubereitet und mit den Händen gegessen.

ZUTATEN FÜR 8 PERSONEN

- 400 *gramm* RINDFLEISCH AUS DER KEULE
- 100 *gramm* OKRASCHOTEN*
- 1 ZWIEBEL
- 250 *gramm* GETROCKNETE YAMSFLOCKEN*
- 230 *gramm* CASSAVAPULVER (MANIOKPULVER)*
- 2,5 *Liter* WASSER
- 2 TOMATEN
- 1 *Dose* (255 *gramm*) MAKRELEN IN TOMATENSOßE *mit Chili*
- SALZ
- 15 *gramm* GROUNDED-PEPPER
- *etwas* ÖL

*ZUTATEN AUS DEM AFRO-SHOP

Das Rindfleisch in kleine Würfel von ca. 30 Gramm schneiden, die Okraschoten waschen und halbieren. Eine Zwiebel schälen und in Streifen schneiden. Yamsflocken und Cassavapulver in einen Topf geben und mit den Händen gleichmäßig vermischen. Danach ca. 400 Milliliter Wasser hinzugeben und mit einem Holzlöffel kräftig durchmischen. Unter Rühren nach und nach mehr Wasser hinzugeben (etwa ein Liter), bis ein gleichmäßiger Teig entsteht. Dann die Masse auf dem Herd bei mittlerer Hitze etwa zwanzig Minuten erwärmen.

Das Fleisch in etwas Öl anbraten, die Zwiebel hinzugeben und beides kurz anschwitzen lassen. Danach einen halben Liter Wasser hinzugeben, nach zehn Minuten die Okraschoten und zwei ganze Tomaten hinzugeben. Mit etwa drei Prisen Salz kräftig würzen. Insgesamt alles ca. 1,5 Stunden köcheln lassen.

Die Masse aus Yamsflocken, Wasser und Cassavapulver zwischendurch vom Herd nehmen und mit dem Holzlöffel immer wieder kräftig durchrühren. Sie hat die richtige Konsistenz, wenn sie klebrig ist und Fäden zieht. Falls sie nicht die richtige Konsistenz annimmt, einfach etwas zusätzliches Cassavapulver mit 100 Milliliter Wasser mischen und dazugeben. Die Fufu-Masse nach etwa zwanzig Minuten vom Herd nehmen und portionsweise in eine Schüssel füllen. Mit angefeuchteten Händen zu Brotlaiben verkneten.

Zwei gehäufte Teelöffel Grounded-Pepper und die Dose Makrelen in Tomatensoße in die Rindfleischbrühe geben und weiter köcheln lassen. Nach etwa fünfzig Minuten vom Herd nehmen und zusammen mit dem Fufu auf tiefen Tellern anrichten.

ALL COOKS ARE BASTARDS

Slime ist wieder da! Mit der neuen Single „Sie wollen wieder schießen" gibt die Punkband auch im Jahr 2015 gewohnt klare Kante gegen die politischen Entwicklungen in Deutschland. Vor allem gegen „die AfD-Tante, die sich für einen Bundeswehreinsatz gegen Geflüchtete ausgesprochen hat", sagt Slimes Frontmann.

Heute wird Seitan mit Gemüse an Asia-Nudeln zubereitet. Das Gericht gibt es exklusiv von Punklegende und Hobbykoch Dirk Jora. Der heutige Vegetarier ist in den 60er-Jahren groß geworden, hat Fleisch nie gemocht, wurde jedoch von seinen Eltern dazu genötigt es mitzuessen. Massentierhaltung und Umweltvergiftung haben ihn auf die heute guten Alternativen zum Fleisch gebracht. Jora kocht jeden Tag, „plus Abwaschen, weil ich keinen Geschirrspüler habe".

Für unser Buch gab es sofort seine Zusage, weil ihm das Thema wichtig ist und die politische Meinung schon immer ein essentieller Bestandteil der Band war. Schon 1994 hat Slime mit dem Song „Goldene Türme" fast unheimlich genau die heutige Situation vorausgesagt. Schon damals besangen die Punkrocker das negative Verhalten der Politik und des Kapitalismus und die Folgen. „Die Hetze der Medien und Parteien finde ich konträr. Dazu stören mich die rassistischen Dumpfbacken und die Tatsache, dass den Geflüchteten auf so vielen Ebenen Steine in den Weg gelegt werden", beklagt Jora.

Darum geht es im 2017 erscheinenden Album neben Gentrifizierung eben auch um die Flüchtlingsthematik und die Wiedererstarkung der Nazis. Bis dahin ist die Band auf der größten Tour ihres Bestehens mit 26 Konzerten in Deutschland, der Schweiz und Österreich. Schon seit Jahren kostet beispielsweise die Gästeliste 5 Euro – die Einnahmen werden an Refugees und andere Projekte gespendet. Das Essen auf der Tour hat laut Jora einen Quantensprung gemacht im Vergleich zu den 90er-Jahren als Punkband. „Viel größer ist das Problem, dass ich auf dem Dorf nicht alle meine Zutaten bekomme." Besuche in der Stadt – zum Beispiel zu Spielen seines FC St.Pauli am Millerntor – sind auch immer ein Großeinkauf, um die Vorräte wieder aufzufüllen. Eine Message hat der Sänger noch beim gemeinsamen Essen – SLIME IST WIEDER DA!

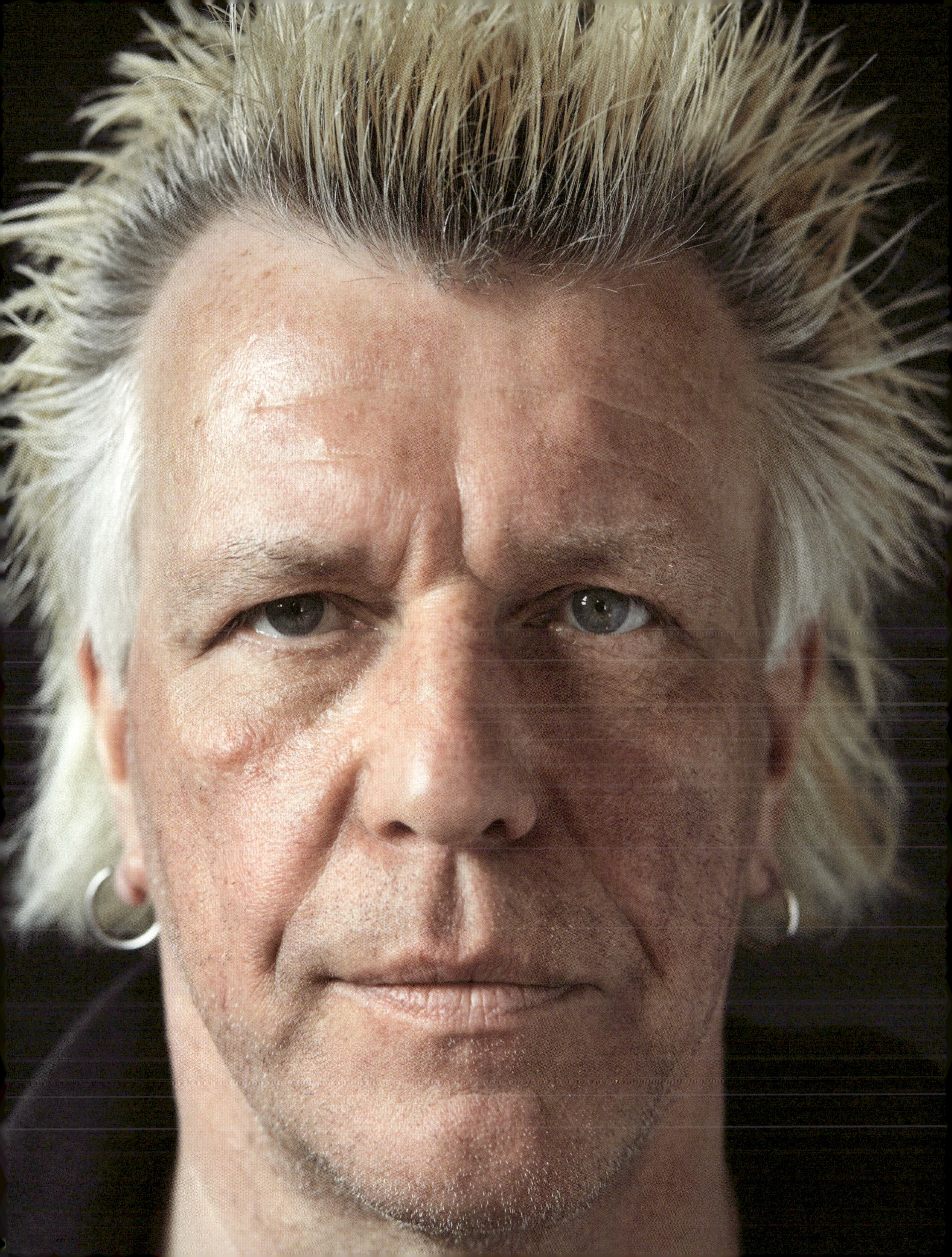

SEITAN-GESCHNETZELTES

MIT CHAMPIGNONS UND ASIA-NUDELN

— SLIME —

Eine Legende kocht für die Kiezküche.
Die Punkband Slime hat uns seinen Sänger Dirk Jora als Koch zur Verfügung gestellt.
Dieser wiederum möchte uns und alle Fleischesser mit seinem vegetarischen Rezept auf den Seitan-Geschmack bringen.

ZUTATEN FÜR 4 PERSONEN

- SEITAN-PULVER 500 *gramm*
- 1 *TL* GEMÜSEBRÜHE
- *etwas* WASSER
- 750 *gramm* CHAMPIGNONS [AM BESTEN BRAUNE]
- 2 KNOBLAUCH*zehen*
- 1 CHILISCHOTE ODER *etwas* CHILIPULVER
- 1-1,5 *Becher* SAHNE
- 1 *Paket* ASIA-NUDELN
- 1 *Bund* SCHNITTLAUCH

Das Seitan-Pulver mit dem Gemüsebrühen-Pulver in einer Schüssel vermischen und mit so viel lauwarmem Wasser verkneten, bis eine teigige Konsistenz entsteht. Dann zu einem Teigkloß formen, in einem Topf mit angerührter Brühe bedecken und circa 25 Minuten kochen lassen. Die Brühe aufheben und zur Seite stellen.

Die Pilze putzen, den Knoblauch schälen und fein hacken. In einer Pfanne die Pilze mit dem Knoblauch anbraten. Den Seitankloß aus der Brühe nehmen und in feine Würfel schneiden. Danach zu den Pilzen in die Pfanne geben, die Brühe und Sahne hinzufügen und alles einkochen lassen, damit sich die Flüssigkeit reduziert. Wenn nötig, die Sauce etwas andicken. In der Zwischenzeit die Asia-Nudeln nach Packungsanweisung kochen.

Den Schnittlauch kleinschneiden, etwas zum Garnieren aufheben und den Rest in die Pfanne geben. Die gekochten Nudeln mit dem Seitan-Geschnetzelten auf Tellern anrichten und mit Schnittlauch garnieren.

Anjola

INTERVIEW MIT ... IRIE RÉVOLTÉS

SÄNGER »MAL ÉLEVÉ« UND »CARLITO« DER HEIDELBERGER BAND

1 // IHR SEID IN DEUTSCHLAND GEBOREN, HABT JEDOCH VÄTERLICHE WURZELN IN FRANKREICH. HAT EUCH DAS AUF IRGENDEINE ART UND WEISE GEPRÄGT UND GAB ES NEGATIVE ERFAHRUNGEN IN EUREM ALLTÄGLICHEN LEBEN IN DEUTSCHLAND?
Es hat uns natürlich auf jeden Fall geprägt, zumal unser Vater „Manouche" ist und uns auch einen gewissen Lifestyle vorgelebt hat. Dazu gab es in der Schulzeit immer wieder Andeutungen auf den „nicht-deutschen" Namen und auf das mit Akzent versehene, gebrochene Deutsch unseres Vaters. Wir mussten und müssen ständig erklären, wo unser Name herkommt.

2 // IST DIE HERKUNFT EURES VATERS UND SIND SEINE ODER AUCH EURE ERLEBNISSE EIN GRUND DAFÜR, DASS IHR EUCH MIT EURER MUSIK AUCH SOZIAL UND POLITISCH ENGAGIERT?
Wir haben schon als Kinder viel Musik mit unserem Vater gemacht. Zusätzlich war auch das politische Engagement unserer Eltern ein Grund dafür, dass wir uns über unsere Musik und darüber hinaus so engagieren. Ein weiterer großer Einfluss war aber auch die subkulturelle, politische Szene in Heidelberg um das Autonome Zentrum herum. Sei es Punk oder HipHop: Heidelberg war eine linke Hochburg in den Neunzigern.

3 // EURE TEXTE SIND MEHRSPRACHIG UND OFT MIT POLITISCHEN STATEMENTS, IN DEN SOZIALEN MEDIEN BEZIEHT IHR KLAR POSITION. DAZU UNTERSTÜTZT IHR AUF VIELEN EBENEN ORGANISATIONEN UND HILFSBEDÜRFTIGE.
Wir versuchen, politische Proteste musikalisch zu unterstützen indem wir auf Demonstrationen spielen. Zum Beispiel gegen Naziaufmärsche, Abschiebepolitik oder Hetze gegen Geflüchtete. Unser allererstes Konzert in Berlin 2001 war im Rahmen der „Anti-Residenzpflicht"- Tage. Wir sind also gegen Dinge, die schlecht laufen! Aber genauso sind wir für Dinge, die gut sind, und wollen den Leuten schließlich auch positive Beispiele aufzeigen und Möglichkeiten anbieten, sich zu engagieren.

4 // AN WELCHEN PROJEKTEN LIEGT EUCH BESONDERS VIEL UND WAS WAREN FÜR EUCH DIE BISLANG POSITIVSTEN DINGE, DIE AUS EUREM ENGAGEMENT RESULTIERTEN?
Solidarität ist immer etwas Positives! Wir unterstützen z.B. seit ihrer Gründung die Projekte Viva Con Agua und Rollis für Afrika, ein Projekt für Menschen mit Behinderung, welches ich gemeinsam mit einem Freund und zwei weiteren Freunden aus dem Senegal gegründet habe. Sie selbst haben in einem Vorort von Dakar eine Einrichtung für Menschen mit Behinderung aufgebaut, um durch Ausbildungsmöglichkeit ein selbstbestimmtes Leben zu ermöglichen. In Deutschland sammeln wir ausrangierte Rollstühle und Gehhilfen und verschicken sie per Container, um sie dort mit unseren Freunden an Bedürftige in den verschiedenen Regionen des Landes zu verteilen.

5 // WO SEHT IHR DIE SCHWIERIGKEITEN IM UMGANG MIT DER AKTUELLEN FLÜCHTLINGSWELLE AUS DEUTSCHER SICHT?
Deutschland ist das einzige Land, das von der Wirtschaftskrise profitiert und immer noch jedes Jahr schwarze Zahlen schreibt. Trotzdem heißt es immer, es sei kein Geld da! Wir haben in vielen Städten und vor allem Dörfern nach wie vor einen Leerstand an Häusern und Wohnungen. Die Regierung sollte endlich mal in die Tasche greifen und das nötige Geld für eine angemessene Unterbringung und vor allem psychologische und schulische Betreuung sowie Begleitung der Geflüchteten stemmen! Den finanziellen Aufwand den Kommunen zu überlassen, ist meiner Meinung nach kalkulierte Mißstimmungsmache. Als die Banken gerettet werden mussten, waren auch ohne zu zögern Milliarden da!

6 // WELCHE PRÄVENTIVEN MASSNAHMEN MÜSSTEN EINGELEITET WERDEN UND WAS KÖNNEN WIR VOR ORT IN DEUTSCHLAND BESSER MACHEN?
Präventiv hätte schon viel früher in der Außenpolitik agiert und reagiert werden sollen auf bestimmte Ereignisse. Dazu ist der Reichtum Europas, der USA oder Japans sicherlich nicht auf fairem Handel, Kooperation und Solidarität aufgebaut.
Außerdem: Wer traditionell einer der größten Waffenexporteure der Welt ist, kann sich doch nicht wundern, wenn Menschen den u.a. dadurch verursachten Konflikten entkommen wollen. Was erwarten wir? Wer von uns würde denn unter den Umständen der Menschen, die fliehen, nicht fliehen?

7 // IHR SEID VOR ALLEM AUCH LAUT GEGEN NAZIS! FÜR EUCH UND UNS SELBSTVERSTÄNDLICH, VIELE ANDERE MÜSSEN NOCH ÜBERZEUGT WERDEN. WIE VIEL ZUSPRUCH BEKOMMT IHR FÜR EURE POLITISCHEN AUSSAGEN UND INITIATIVEN?
Wir bekommen zum Glück immer wieder sehr positive Rückmeldungen und Zuspruch für unsere klare Position gegen Nazis. Natürlich gibt es auch Hater und leider merken wir auch immer wieder aufs neue, wie viele Menschen überzeugt werden müssen. Gerade heute, wo das Thema Refugees so groß ist, tendieren sehr viele Menschen zum rechten Lager. Das lässt sich in ganz Europa beobachten. Schrecklich, wie gut rassistische, populistische und nationalistische Panikmache immer wieder funktioniert, und wie die Menschen darauf reinfallen.

8 // GERADE IN DEUTSCHEN GROßSTÄDTEN PROFITIEREN WIR VON DER UNGLAUBLICHEN VIELFALT AN AUSLÄNDISCHEN RESTAURANTS UND GERICHTEN. AN WELCHE GERICHTE AUS EURER KINDHEIT ERINNERT IHR EUCH GERNE ZURÜCK?
Als wir klein waren, hat unser Vater immer „Colombo de Poulet" gemacht. Das ist ein Gericht aus Guadeloupe, von wo unsere Tante kommt. Damals hab ich das hart gefeiert, doch heute bin ich Vegetarier!

9 // ALS BAND SEID IHR OFT AUF TOUR, WAS GIBT ES DANN ZU ESSEN UND WAS WAR EURE BISLANG AUFREGENDSTE TOUR?
Das Essen auf Tour ist immer sehr abwechslungsreich: von vegan über vegetarisch bis zu Fleischgerichten ist alles dabei. Eine aufregendste Tour gab es eher nicht. Jede Tour ist immer der Hammer und für sich dann ein krasses Ereignis. 2013/2014 war die Tour, bei der wir in insgesamt 17 Ländern unterwegs waren, darunter auch im Senegal.

GEKOCHTE

WILLKOMMENS**KULTUR**

DIE HAMBURGER BAND LEFLY KANN NICHT NUR MUSIK, SONDERN AUCH KOCHEN. EIGENS FÜR DIE KIEZKÜCHE HABEN DIE BANDMITGLIEDER EIN REZEPT KREIERT, DASS DAS SINNBILD DES BUCHTHEMAS WIDERSPIEGELT – WELTOFFENHEIT!

Rosi, Robert, Kui und Thorsten Jizz Rainer haben Wurzeln in Syrien, Kolumbien, Brasilien und Deutschland und haben mit der Happenplatte ein kulinarisches Meisterwerk geschaffen, das alle Einflüsse vereint. Musikalisch sind sie nach eigener Aussage mit einem Augenzwinkern alle „genial gleich gut", aber beim Schnibbeln in der Küche schiebt sich Rosi in den Vordergrund und der Kiezküche-Koch Tom kann eine Kaffeepause machen: „Die Jungs kommen ganz gut ohne mich klar."

Es gibt syrischen Petersiliensalat, hanseatischen Burger mit Pumpernickel und Roter Beete, sowie südamerikanische Pulled Chicken Balls und das Team wirkt unglaublich professionell abgestimmt. „Wir sind im Training, denn wir produzieren aktuell unser neues Album und bei jeder Session schließen wir uns ein und kochen gemeinsam nach den Aufnahmen", verrät die Band. Das Album kommt 2017 raus, die Band sagt zwar, es höre sich abgedroschen an, aber LeFly sei erwachsener und professioneller geworden. Früher ging es hauptsächlich um Spaß, heute ist die Qualität der Musik und Texte eben noch wichtiger und die Band funktioniert noch besser. Die Jungs haben Blut geleckt von Auftritten vor 20.000 Zuschauern wie auf dem „Heimspiel"-Festival Deichbrand, bei dem sie seit 2009 durchgehend spielen dürfen.

Die multi-kulturellen Einflüsse der Bandmitglieder machen die Musik von LeFly zu etwas Besonderem. Die Situation mit Kumpels aus verschiedenen Ländern gemeinsam Musik zu machen, ist wiederum eine Selbstverständlichkeit. „Das war für uns nie ein Thema, sondern ist für uns völlig normal", sagt Robert.

Die Band gibt mit diesem Selbstverständnis ein klares Statement, denn ein Thema nicht andauernd zu behandeln und auszupressen, ist eben auch eine Stellungnahme.

Trotzdem gibt es Berührungspunkte, zum Beispiel für den Syrer Rosi, der die Flucht seiner beiden Cousinen nach Deutschland und die darauffolgende Bürokratie zu spüren bekommen hat. Dazu hat jeder in der Band mindestens einen Bekannten, der sich mittlerweile als „Arschloch" entpuppt hat und in sozialen Medien Stammtischparolen von sich gibt. LeFly wiederum überzeugt durch Kochkünste, ihre Musik und das perfekte Beispiel an Integration und Zusammenhalt verschiedenster Menschen aus verschiedenen Kulturen.

minnesota

LE FLY HAPPENPLATTE

BRASILIANISCHE HÄHNCHEN-BÄLLE, TABOULÉ, ZUCCHINI IN TAHINA UND HANSEATENBURGER

Perfekt für eine hungrige Meute von mehreren Leuten ist die Happenplatte der Band Le Fly, für die die vier Bandmitglieder ihre Lieblingsgerichte ausgewählt haben. Die panierten Hähnchen-Zupffleisch-Bälle stammen aus Kuis Heimat Brasilien und sind dort so beliebt wie bei uns die Currywurst. Der Syrer Rosi hat aus Syrien einen Taboulé Salat und Zucchini in Tahina beigesteuert. Einen selbstkreierten Hanseatenburger mit Rote Bete und Pumpernickel gibt's von Robert „Robaeng" und Thorsten „Jizz" Rainer.

ZUTATEN FÜR HÄHNCHEN-BÄLLE

FÜR DIE FÜLLUNG

1,5 *kg* HÜHNERBRUST
etwas PAPRIKAGEWÜRZ
etwas SALZ & PFEFFER AUS DER MÜHLE
1 ZWIEBEL
2 KNOBLAUCH*zehen*
etwas ÖL *zum Anbraten*
etwas SCHNITTLAUCH
1/2 *Packung* SCHMELZKÄSE

FÜR DEN TEIG

2 *Tassen* MILCH
1 *Tasse* WASSER
2 *Würfel* FLEISCHBRÜHE
1 *EL* BUTTER
GEKOCHTE, ZERDRÜCKTE KARTOFFELN } 1/2 *Tasse*
[ALTERNATIV KARTOFFELPÜREEPULVER]
2,5 *Tassen* WEIZENMEHL

FÜR DIE PANADE

etwas PANIERMEHL
2 EIER
etwas ÖL *zum Braten*

Zubereitung Hähnchen-Bälle

Das Hähnchenfleisch in Wasser etwa 30 Minuten kochen, danach abkühlen lassen und zupfen (in kleine Stücke zerreißen). Dann mit Paprika, Salz und Pfeffer würzen. Den Schnittlauch kleinschneiden. Die Zwiebeln mit dem Knoblauch in Öl anbraten, dann das gezupfte Hähnchenfleisch und den Schnittlauch dazugeben und mit braten. Anschließend alles in eine Schüssel geben, mit dem Schmelzkäse verrühren und ziehen lassen.

Für den Teig die Milch mit dem Wasser, den Brühwürfeln, der Butter und den zerdrückten Kartoffeln aufkochen. Wenn es kocht das Mehl dazugeben und so lange rühren, bis sich der Teig vom Boden löst. Dann den Teig rausnehmen, etwas ausbreiten, auskühlen lassen und geschmeidig kneten.

Anschließend den Teig auf der Hand zu kleinen Fladen formen, 1 ½ Esslöffel von der Füllung in die Mitte geben und kegelförmig zusammendrücken. Danach die Eier und das Paniermehl in jeweils einen tiefen Teller geben und die Eier verquirlen. Die fertigen Bälle durch die Eier und dann das Paniermehl ziehen. Danach so lange in ausreichend Öl frittieren, bis sie goldgelb sind.

Weitere Rezepte zur Happenplatte auf der nächsten Seite! ▸

ZUTATEN FÜR ZUCCHINI IN TAHINA

2 ZUCCHINI
2-4 KNOBLAUCH*zehen*
1-1,5 ZITRONEN [NACH GESCHMACK]
1 *Glas* TAHINA [SESAMPASTE]
etwas SALZ & PFEFFER AUS DER MÜHLE
etwas OLIVENÖL
etwas SONNENBLUMENÖL [ZUM FRITTIEREN]

Zubereitung Zucchini in Tahina

Die Zucchini säubern und kleinschneiden. Den Knoblauch mit etwas Salz im Mörser zerstampfen, danach die Zitrone(n) auspressen. Dann die Tahina mit Zitronensauce mixen und etwas Salz, Pfeffer und Knoblauch dazugeben. Anschließend noch etwas Olivenöl darüber geben und alles gut verrühren oder pürieren.

Die Zucchini in ausreichend Öl frittieren, danach auf Küchenpapier abtropfen lassen, in den Tahina-Mix geben und servieren.

ZUTATEN FÜR TABOULÉ

120 *gramm* BULGUR [FEIN]
3 *Bund* PETERSILIE
1-2 *Bund* MINZE
1 ZWIEBEL
2-3 TOMATEN
etwas SALZ & PFEFFER AUS DER MÜHLE
2-3 *EL* OLIVENÖL
2 ZITRONEN

Zubereitung Taboulé

Den Bulger nach Packungsanweisung zubereiten. Die Petersilie und Minze fein hacken. Dann die Zwiebeln und Tomaten in kleine Würfel schneiden und alles zusammen in einer Schüssel vermengen.

Danach den fertigen Bulgur unterheben und mit Salz, Pfeffer und Olivenöl abschmecken. Zum Schluss die Zitronen auspressen, den Saft je nach Geschmack zum Salat geben.

ZUTATEN FÜR DIE HANSEATEN BURGER

FÜR DIE PATTIES

600 *gramm* RINDERHACK
2-3 ZWIEBELN
etwas SALZ

FÜR DEN BELAG

1 *Rolle* PUMPERNICKEL [GESCHNITTEN]
1/2 *Packung* KRÄUTERQUARK
1 ZITRONE
etwas FRISCHEN KORIANDER [NACH GESCHMACK]
1 *Glas* ROTE BETE
2-3 ÄPFEL
1 *Bund* RADIESCHEN
etwas OLIVENÖL
etwas SALZ & PFEFFER AUS DER MÜHLE

Zubereitung Hanseaten Burger

Für die Patties die Zwiebeln kleinschneiden und dann mit dem Hack und etwas Salz und Pfeffer mixen. Dann kleine Frikadellen formen und in der Pfanne anbraten.

Für den Belag die Zitrone auspressen und den Koriander kleinschneiden. Den Kräuterquark mit etwas Zitronensaft und Koriander vermischen und abschmecken. Die Rote Bete abtropfen lassen und in feine Scheiben schneiden. Die Äpfel und Radieschen in kleine Schreiben schneiden und mit etwas Öl, Zitronensaft, Salz und Pfeffer mixen. Dann alles zusammensetzen und am Besten mit Holzspießen befestigen.

AM BESTEN EIN PAAR KNOLLEN ASTRA DAZU TRINKEN.
Prost!

WATER *makes the* WORLD GO ROUND

SEIT 2006 GIBT ES DEN GEMEINNÜTZIGEN VEREIN VIVA CON AGUA DE SANKT PAULI E.V. DIE GESAMMELTEN SPENDEN SOWIE DER GROẞTEIL DER GEWINNE AUS DEM SOCIAL BUSINESS VIVA CON AGUA MINERALWASSER FLIESSEN IN INTERNATIONALE TRINKWASSERPROJEKTE DER WELTHUNGERHILFE. FÜR SEINE „VERDIENSTE UM UNSER GEMEINWOHL" HAT VIVA CON AGUA 2009 SOGAR DAS BUNDESVERDIENSTKREUZ ERHALTEN. DOCH VIVA CON AGUA STEHT FÜR MEHR ALS NUR SAUBERES TRINKWASSER. OB BEIM FUSSBALL, IM RAHMEN DER MILLERNTOR GALLERY ODER AUF REISEN IN DIE PROJEKTGEBIETE – NACH UGANDA, ÄTHIOPIEN, KENIA, NEPAL UND INDIEN – DAS INTERNATIONALE NETZWERK MIT MEHR ALS 12.000 EHRENAMTLICHEN UNTERSTÜTZERN IST LÄNGST ZU EINEM MUSTERBEISPIEL FÜR GELUNGENE INTEGRATION GEWORDEN.

VIVA CON AGUA
SANKT PAULI

INTERVIEW MIT... MICHAEL FRITZ & PHILIPP HEERWAGEN

VCA-MITGRÜNDER — FC ST. PAULI-KEEPER

WIE BEURTEILT IHR DIE AKTUELLE FLÜCHTLINGSBEWEGUNG IN DEUTSCHLAND?

M // *Mich macht das sehr nachdenklich. Ich kann nicht verstehen, warum so viele Menschen in Deutschland den Flüchtlingen so angstvoll begegnen. Für mich ist es eine Selbstverständlichkeit, Menschen in Not zu helfen. Gerade wir Deutschen sollten einen Blick in unsere Geschichte werfen. Wir haben fast alle eine Flüchtlingsgeschichte.*

P // *Im Moment ist viel Ungewissheit dabei. Aber ich habe die Hoffnung, dass sich die Situation entspannt. Wenn uns das gelingt, können wir alle davon profitieren. Denn diese Menschen bringen neues Wissen, neue Bräuche und eine andere Kultur zu uns, die uns bereichern kann.*

KANN VIVA CON AGUA EINEN POSITIVEN BEITRAG ZUR FLÜCHTLINGSSITUATION LEISTEN?

M // *Wir sind ja nicht in den Kriegsgebieten aktiv, sondern bauen Trinkwasserbrunnen in Afrika, zum Beispiel in Äthiopien, Kenia und Uganda. Über zwei Millionen Menschen haben wir bislang schon mit sauberem Trinkwasser versorgen können. Damit leisten wir einen Beitrag zur Verbesserung der Lebensumstände vor Ort. Um die Flüchtlingsbewegung zu stoppen, muss aber vor allem die politische Lage in den Herkunftsländern verbessert werden. Dafür braucht es Frieden. Als einfacher Bürger in Deutschland kann man da nur durch seinen Konsum etwas Einfluss nehmen. Insofern hat Viva con Agua auch einen erzieherischen Auftrag. Wir wollen, dass sich Leute Gedanken machen, was sie kaufen und wen sie damit finanzieren.*

PHILIPP, DU WARST BEREITS MIT VIVA CON AGUA IN ÄTHIOPIEN UND KONNTEST DICH PERSÖNLICH VON IHRER ARBEITSWEISE ÜBERZEUGEN. WELCHE EINDRÜCKE HAST DU GESAMMELT?

P // *Ich bin in meinem Leben schon viel gereist. Aber diese Erfahrung hat mich ganz besonders geprägt. Wir waren live dabei, als ein Brunnen gebaut und in Betrieb genommen wurde und wir konnten die Dankbarkeit der Menschen erfahren. Das war ein sehr bewegender Moment. Ich engagiere mich für Viva con Agua, weil die Idee so einfach ist wie der Fußball und weil sie die Welt ein Stück besser macht. Für mich ist es auch eine gute Möglichkeit, etwas von meinem Glück weiterzugeben an die, die es wirklich brauchen.*

BEI DER MILLERNTOR GALLERY HABT IHR ZULETZT KONKRETE FLÜCHTLINGSHILFE GELEISTET. WIE SAH DAS GENAU AUS?

M // *Das lief auf mehreren Ebenen. Einige Flüchtlinge haben dabei geholfen, die Ausstellung vorzubereiten und aufzubauen. Andere waren Teil eines tollen Künstlerprojektes von Melissa Steckbauer. Und wieder andere haben selbst gemalt und ihre Werke ausgestellt. Für sie war das eine tolle Ablenkung von ihrer Situation. Sie waren beschäftigt, konnten sich austauschen und haben Wertschätzung erfahren – und sie haben die Veranstaltung damit enorm bereichert. Und darum geht es bei der Millerntor Gallery: Um Perspektivenwechsel, um den Austausch von Kulturen und darum, gemeinsam etwas auf die Beine zu stellen.*

WELCHE ROLLE SPIELT DER FC ST. PAULI IN DIESEM ZUSAMMENHANG?

P // *Eine sehr große. Bei anderen Vereinen darfst du dich als Spieler nicht politisch äußern. Beim FC St. Pauli liegt es in der DNA sich zu positionieren. Da wirst du von allen Seiten mit diesen Fragen konfrontiert. Die Leute denken hier einfach weit über den sportlichen Tellerrand hinaus. Das ist ein wesentlicher Grund, warum ich mich hier so wohl fühle. Mit der Mannschaft haben wir ein „Refugees Welcome"-Banner durchs Stadion getragen und immer wieder Flüchtlinge zu den Spielen eingeladen. Genauso wie Kunst hat auch der Fußball eine integrative Kraft.*

PETERSILIENSALAT

MIT TOMATEN, GURKE UND FRISCHER MINZE

Der syrische Petersiliensalat von Yasser und Muna aus Syrien ähnelt Taboulé, einem Salat aus der arabischen, speziell der libanesischen Küche. Er wird jedoch nicht mit Bulgur oder Couscous zubereitet. Beide Salate können sowohl als Mezze (Vorspeise), als auch als Zwischenmahlzeit, als Beilage zu Fisch oder Fleisch oder als Hauptspeise serviert werden. Vor allem im Sommer bietet der Petersiliensalat eine erfrischende Mahlzeit, die sich schnell und einfach zubereiten lässt.

ZUTATEN FÜR 4 PERSONEN

1 *kg* TOMATEN
1 SALATGURKE
1 ZWIEBEL
1 *Bund* PETERSILIE
3-4 KNOBLAUCHZEHEN
1 *Bund* FRISCHE MINZE
5 ZITRONEN
10 *EL* OLIVENÖL
etwas CUMIN [KREUZKÜMMEL GEMAHLEN]
etwas ROTER PFEFFER [GROB]

Die Tomaten und die Gurke waschen und in feine Würfel schneiden. Dann die Zwiebel und den Knoblauch schälen und fein hacken.

Anschließend die Minze und die Petersilie ebenfalls zerkleinern und alles zusammen in eine Schüssel geben.

Eine Zitrone auspressen und den Saft auffangen. Die anderen Zitronen schälen, in feine Würfel schneiden und unter den Salat mischen.

Das Olivenöl mit Pfeffer, Kreuzkümmel, etwas Zitronensaft und rotem Pfeffer abschmecken. Zum Schluss den Salat anrichten und mit dem Dressing versehen.

KARTOFFEL-PITA BUDUCNOST

BOSNISCHE BROTSCHNECKE GEFÜLLT MIT KARTOFFELN UND ZWIEBELN

Von der Mutter eines Spielers des FC Lampedusa Hamburg haben wir dieses Rezept bekommen. Ihre Familie wurde im März 2016 ohne Ankündigung mitten in der Nacht abgeholt und zurück nach Bosnien gebracht. Der plötzliche Verlust des jungen Spielers und beliebten Mannschaftskameraden war für den ganzen Verein ein tiefer Schock und hat auf viel Unverständnis gestoßen. Der Name des Gerichts steht für Hoffnung.

ZUTATEN FÜR 1 GROßE PITA

1 *kg* MEHL
550 *ml* WASSER
2 *TL* SALZ
etwas ÖL *zum Bestreichen*
700 *gramm* KARTOFFELN
1 ZWIEBEL
2 EIER
etwas SALZ & PFEFFER AUS DER MÜHLE
etwas ZERLASSENE BUTTER

Zuerst das Mehl mit dem Wasser und dem Salz vermischen und dann einige Minuten zu einem glatten und elastischen Teig kneten. Dann den Teig mit etwas Öl bestreichen und an einem warmen Ort etwa 20 Minuten ruhen lassen.

In der Zwischenzeit die Kartoffeln in kleine Würfel schneiden. Die Zwiebeln schälen und fein würfeln oder reiben. Dann beides mit den Eiern und etwas Salz und Pfeffer vermengen. Auf einer bemehlten Arbeitsplatte oder einem sauberen Tuch den Teig ausbreiten und so dünn wie möglich ausziehen (am Besten so, dass man leicht durchsehen kann). Dann mit etwas Öl bestreichen, die Kartoffelmasse am unteren Ende darauf verteilen und einrollen.

Zum Schluss die Teigrollen in Form einer Schnecke oder nach Belieben in einer anderen Form in eine gefettete Auflaufform setzen. Im Backofen bei 200°C für etwa 30 Minuten backen. Am Ende der Garzeit etwas Butter zerlassen und über die fertige Pita gießen.

GROßER Bruder

AN DIE ZEIT IN BOSNIEN ERINNERT ER SICH NUR ÜBER ERZÄHLUNGEN UND FOTOS DER GROßELTERN. ZEITIG AUS ANGST VOR DEM KRIEG IM DAMALIGEN JUGOSLAWIEN FLÜCHTETEN SEINE ELTERN MIT SÄUGLING NEVEN UND SEINER SCHWESTER 1990 NACH BADEN-WÜRTTEMBERG.

Die Integration in dem kleinen Dörfchen im Schwarzwald gelingt schnell. Sozial schwache Viertel gibt es bei nur 4.500 Einwohnern nicht. Neven hat eine gute Kindheit, wächst normal auf. Er hat nicht viel, vor allem keine Spielkonsole – dafür aber immer einen Fußball und ein sicheres Dach über dem Kopf. Seine Eltern haben mehrere Jobs, arbeiten als Putzhilfe und auf dem Bau, da ihre bosnischen Diplome nicht anerkannt werden. Über weitere Zusatzjobs finanzieren sie Hilfssendungen an die Gemeinde in der Heimat. Unter anderem verschicken sie darin Schokolade. „Heute schäme ich mich dafür, dass ich damals nicht verstanden habe, warum ich sie nicht selber essen durfte. Wir können uns hier in Deutschland sogar aussuchen, welche Farbe oder Geschmacksrichtung die Schokolade haben soll.

Das ist auch eine Form von Reichtum und ich habe im Gegensatz zu den Menschen in meiner Heimat oder anderen Ländern nie Krieg oder Armut fürchten müssen", sagt Neven heute.

In dem kleinen Dorf kennen ihn und seine Familie jeder. Sein Vater war früher ein sehr guter Fußballer, hat den Sport jedoch zum Wohl seiner Familie aufgegeben. Für die lokale Kreisliga langt es mühelos und das Kicken bringt ihm viele Freunde ein. Und nebenbei auch seinen Sohn Neven an den runden Ball.

„Wir haben über einige Jahre bei einer netten alten Dame gewohnt – Oma Stumpf. Sie hat meinen Eltern ihr Schlafzimmer zur Verfügung gestellt. Wir Kinder durften das Gästezimmer nutzen und sie selbst hat auf der Couch geschlafen. Was für eine unglaublich schöne Erinnerung." Als Neven 10 Jahre alt und kurz vor dem Wechsel auf das Gymnasium ist, läuft die Duldung der Familie ab. Immer wieder verringern sich die Befristungen, bis eine Abschiebung bevorsteht, da Bosnien mittlerweile als sicheres Herkunftsland eingestuft wird. Für Familie Subotic gibt es dort jedoch keine Perspektive. Als letzten Strohhalm bewerben sie sich um eine Green Card in den USA und ziehen nach Salt Lake City um. Doch schon bald kehrt der mittlerweile 17jährige Neven zurück nach Deutschland und bekommt seinen ersten Profi-Vertrag bei Mainz 05. Die bis heute laufende weitere Karriere ist Geschichte: Aufstieg, Meister- und Pokaltitel, Champions League, Natio nalmannschaft.

In Mainz schickt ihn der Verein zu einem Termin in einem Waisenhaus im rheinhessischen Bingen. Neven kommt von nun an regelmäßig und hilft den Kindern. Es wird zu einem Herzensprojekt. Auch bei seinem Wechsel 2008 nach Dortmund sucht er sich erst eine gemeinnützige Organisation, bevor er eine Wohnung bezieht. „Ich möchte den Menschen etwas zurückgeben. Wenn jeder Mensch nur auf sich selber schaut, ist das ein falscher Weg, auf dem ich mich nicht bewegen möchte." Es ist Nevens Erfüllung in seinem Leben, anderen Menschen zu helfen und denen zu dienen, die es am Schwersten haben. 2013 gründet der Fußball-Profi die Neven Subotic Stiftung und führt seitdem Trinkwasser- und Sanitärprojekte in Entwicklungsländern durch. Das Ziel ist es, Menschen aufzuklären, ihnen den lebensnotwendigen Zugang zu Wasser und Bildung zu verschaffen sowie die Infrastruktur zu verbessern. Die Projekte wählt die Stiftung über verschiedene Kriterien aus. Zum einen braucht das Land eine breite Politik, weiterhin benötigt es gute Partner vor Ort – vor allem auch um den Spendern gerecht zu werden. Das erste Projekt findet in Äthiopien statt – einem Land, in dem es den größtmöglichen Effekt hat. „Wenn wir an einer afrikanischen Schule dafür sorgen, dass Trinkwasser und Sanitäranlagen vorhanden sind, dann sorgen wir gleichzeitig für Struktur und Bildung. Aber auch dafür, dass sich beispielsweise die Eltern der Kinder weiterentwickeln können in der Zeit, in der sie sonst einen langen beschwerlichen Fußmarsch zu einem Wasserbrunnen auf sich nehmen müssten." Auf Vorträgen zeigt die Stiftung ihren Zuhörern in Deutschland, was es bedeutet, einen 20-Liter-Kanister über 30 Meter auf der Schulter zu tragen. In Afrika hingegen sind es oft mehrere Kilometer über steinige Wege in der prallen afrikanischen Sonne. Bergauf versteht sich. „Wenn ich das sehe, dann kann ich mich über nichts in meinem Leben beschweren. Wir sind schon sehr geblendet, was unsere Situation angeht. Aber vor Ort wirklich zu sehen, was Leben bedeuten, das motiviert mich".

Die Dankbarkeit, die Neven und seine Kollegen in Afrika erleben, ist unglaublich groß. „Dort gilt Menschlichkeit minus Popkultur. Einmal sollte mir ein lebendiges Huhn als Dank überreicht werden," erinnert sich Neven. Eine sehr große Geste in afrikanischen Ländern. In Sachen Wasser sind gemeinnützige Organisationen wie die Neven Subotic Stiftung oder auch Viva con Agua in Äthiopien Superstars. Möglich macht das neben den Unterstützern vor allem auch das starke Team, das laut Subotics Aussage Unglaubliches leistet. Er selbst investiert so viel Zeit, wie es ihm der Fußball mit gutem Gewissen erlaubt.

Die Unterstützer der Stiftung werden zuerst informiert und aufgeklärt, um eine wirkliche Verbindung zu den Projekten und beteiligten Menschen herzustellen. Die Zuneigung zu den betroffenen Menschen soll dafür sorgen, diese länger im Herzen zu behalten und sich mit den Projekten zu identifizieren. Zuletzt passiert als Neven bei Freunden war, mit denen er sich über Wochen und Monate über seine Stiftung ausgetauscht hatte. Der 3jährige Sohn der Freunde übergab ihm 52 Cent aus seinem Sparstrumpf mit den Worten „Das ist für die Kinder, die kein Wasser haben."

BOSANSKA KISELA MASLENICA

BOSNISCHES ROLLBROT

ZUTATEN FÜR 1 GROSSES UND 1 KLEINES BROT

- 1,5 *kg* MEHL
- 1 *Päckchen* TROCKENHEFE
- 1 *Würfel* FRISCHE HEFE
- 1 *EL* ZUCKER
- 2 *EL* SALZ
- *etwas* LAUWARMES WASSER
- 250 *gramm* BUTTER

Die Hefe mit dem Salz, dem Zucker und etwas lauwarmem Wasser in eine Schüssel geben und alles gut verrühren. Danach 1 Kilo Mehl einrühren und gut verkneten. Anschließend die Schüssel abdecken und den Teig auf einer warmen Oberfläche (zum Beispiel auf der Heizung) gehen lassen, bis er die doppelte Größe erreicht hat.

Die Butter in einer Pfanne schmelzen und bei geringer Wärme warm halten. Den Backofen auf 200° C Umluft vorheizen.

Mit dem restlichen Mehl eine Arbeitsfläche oder Tischplatte bestreuen. Den Teig noch einmal durchkneten und auf das Mehl legen. Dann etwas mehr als die Hälfte von der Teigmasse wegnehmen, rund kneten und dann platt drücken. Danach den Teig wie einen Pizzaboden ausrollen und dabei immer wieder mit etwas Mehl bestreuen.
Die flüssige Butter mit einem Esslöffel auf dem Teig verteilen, dann diesen langsam zusammenlegen und jede einzelne Lage mit Butter bestreichen. Das Brot so lange rollen und formen, dass es in eine gebutterte Brotbackform passt. Es kann aber auch ohne Backform auf einem Backblech gebacken werden, sollte aber nicht zu hoch sein.

Dann das Brot auf einer warmen Oberfläche noch einmal 10 Minuten gehen lassen und mit etwas Butter bestreichen. Anschließend auf der mittleren Schiene im vorgeheizten Backofen zuerst 30 Minuten backen, dann die Hitze auf 150° C reduzieren und weitere 15 bis 20 Minuten backen. Das fertig gebackene Brot aus dem Ofen nehmen und abkühlen lassen.

Eine kleinere Backform mit Butter auspinseln, den restlichen Teig in die passende Größe bringen und das Brot in die Form legen. Wer keine Backform zur Hand hat, backt das Brot einfach auf einem Backblech. Dann mit etwas Butter bestreichen und 30 bis 35 Minuten bei 200° C Umluft backen.
Am besten schmeckt das Brot frischgebacken, wenn es noch warm ist.

TACOS CON POLLO

TORTILLAS MIT HÜHNCHEN, SALAT UND AVOCADO

Tacos erfreuen sich als Fast-Food-Gericht in ganz Nord- und Mittelamerika großer Beliebtheit. Für uns hat sie Cari aus Honduras gekocht. Sie lebt seit vielen Jahren mit ihrer Familie in Hamburg.

ZUTATEN FÜR 4 PERSONEN

2 HÄHNCHEN-*Keulen*

1 *Würfel* HÜHNERBRÜHE [CA. 250 *ml*]

1 ZWIEBEL

1 KNOBLAUCHZEHE

1 *Dose* PASSIERTE TOMATEN [CA. 300 *ml*]

etwas FRISCHER KORIANDER

300 *gramm* MAISMEHL

etwas WASSER

1 EI

1/2 *Salat* EISBERG

1 CHILI*schote*

1 AVOCADO

Die Hühnerbrühe anrühren und die Hähnchenkeulen darin circa 20 Minuten kochen. Danach das Fleisch kurz abkühlen lassen und in kleine Stücke zupfen. Die Fleischbrühe aufheben. Eine halbe Zwiebel und eine halbe Knoblauchzehe kleinschneiden und zusammen mit etwa 50 ml passierten Tomaten, 50 ml Fleischbrühe und dem gezupften Fleisch anbraten. Für 10 bis 15 Minuten köcheln lassen. Zum Schluss noch etwas kleingeschnittenen Koriander dazugeben und mit Salz und Pfeffer würzen.

Das Ei hart kochen und abschrecken. Danach das Maismehl mit etwas warmem Wasser verrühren und zu einem glatten Teig verarbeiten. Je eine Hand voll Teig entnehmen und zu acht bis neun kleinen Kugeln formen. Die Teigkugeln in der Hand etwas platt drücken. Einen Gefrierbeutel in eine runde Form schneiden und den Teig darauf zu Tortillas flach drücken. Anschließend die Tortillas in einer Pfanne bei mittlerer Hitze ohne Öl von jeder der Seite so lange backen, bis sie leicht bräunlich sind. Direkt nach dem anbraten rollen – dafür etwa 1 EL Fleisch auf die Tortillas geben und zusammen rollen.

Den Salat, die Chilischote, die Avocado und das Ei kleinschneiden. Danach für die Sauce 250 ml Tomaten und 200 ml Fleischbrühe in einen Topf geben und zusammen mit der Zwiebel und dem Knoblauch langsam köcheln lassen. Danach mit etwas Salz und Pfeffer würzen.

Die gerollten Tacos mit etwas Öl noch einmal in der Pfanne von beiden Seiten anbraten. Zum Schluss den geschnittenen Salat auf die Tacos geben, dann die Tomatensauce darauf geben und mit dem Ei, der Avocado und etwas Chili garnieren.

TOMS ERDAPFELSALAT

SAURER KARTOFFELSALAT MIT SÜẞEN OFENTOMATEN

Ein deutscher Klassiker zwischen arabischen, afrikanischen und südamerikanischen Gerichten: Die Variante unseres Kochs Tom vom altbewährten Kartoffelsalat schmeckt am besten lauwarm, wenn die gezuckerten Tomaten frisch aus dem Ofen kommen und ihr volles Aroma entfalten. Wenn etwas übrig bleibt, lässt sich der Salat aber auch ein paar Tage im Kühlschrank aufheben und dann gut durchgezogen verputzen.

ZUTATEN FÜR 4–6 PERSONEN

400 *gramm* KIRSCHTOMATEN

3 *Zweige* THYMIAN

100 *gramm* PUDERZUCKER

500 *gramm* KARTOFFELN [FESTKOCHEND]

5 SCHALOTTEN

1 *Bund* SCHNITTLAUCH

400 *ml* GEMÜSE- *oder* FLEISCHBRÜHE

100 *ml* APFELESSIG

3 *EL* OLIVENöl

etwas SALZ & PFEFFER AUS DER MÜHLE

Den Backofen auf 120° C Heißluft vorheizen. Die Kirschtomaten quer zum Strunk halbieren, damit das Kerngehäuse fest in der Tomate bleibt. Dann die Tomaten mit der Schnittkante nach oben auf ein mit Backpapier ausgelegtes Backblech geben, die Thymianblättchen abzupfen und über die Tomaten streuen. Anschließend mit etwas Salz und dem Puderzucker bestreuen. Die Tomaten im vorgeheizten Ofen für etwa zwei Stunden trocknen lassen.

Die Kartoffeln waschen, mit der Schale in Salzwasser gar kochen. Anschließend die noch warmen Erdäpfel von ihrer Schale befreien, etwas auskühlen lassen und in Scheiben schneiden. Die Schalotten schälen und in Würfel schneiden. Danach den Schnittlauch in feine Röllchen schneiden. Die Gemüse- oder Fleischbrühe mit dem Apfelessig und den geschnittenen Zwiebelwürfeln vermengen und in einem Topf erhitzen. Dann die warme Vinaigrette über die Kartoffelscheiben geben, das Olivenöl dazugeben und den Salat mit Salz und Pfeffer würzen.

Im letzten Schritt die süßen Ofentomaten mit den Kartoffeln und dem Schnittlauch behutsam vermengen und anrichten.

Wer es gern deftig mag, kann dazu grobe Bratwürste servieren.

YOU'LL NEVER COOK ALONE

Kalla's KIEZKÜCHE

"Jetzt noch ein paar Zitronenspalten, etwas frische Petersilie und Rettichscheiben. Ganz wichtig, Rettich. Man reicht das so!" Nunu, heute auf dem Truck verantwortlich für die Kiezküche, hat für diesen Nachmittag extra Rezepte aus dem arabischen Raum herausgesucht, denn der Foodtruck hat das Erstaufnahmelager in Ohlstedt angesteuert. Und dort sehnt man sich nach Kulinarischem aus der Heimat, hatte uns die Unterkunftsleitung erzählt. Zwischen den weißen Bundeswehr-Zelten und den grauen Containern brodeln und duften zwei vegetarische Gerichte auf den Gaskochern des Trucks – links Ful mit Favabohnen, rechts arabische Kichererbsen-Spinat-Suppe. Die ersten Kinder stecken neugierig ihre Köpfe durch die seitliche Luke.

Rund 270 Geflüchtete, unter ihnen viele junge Männer aber auch Familien mit Kindern, leben in den 40 Quadratmeter großen Zelten, die in Reihen auf einer freien Fläche inmitten eines beschaulichen Wohngebietes im Hamburger Nordosten aufgebaut wurden. Es scheint, als würden hier zwei Welten direkt nebeneinander leben. "Wir kommen regelmäßig vorbei und schauen ob es alles in Ordnung ist", erklären die beiden in Uniform gekleideten, bürgernahen Polizisten und recken sich Richtung Truck. "Was habt ihr denn Köstliches mitgebracht für unsere neuen Nachbarn? Und sollte nicht auch jemand von St. Pauli dabei sein?" Der steht längst im Foodtruck und packt bei den Vorbereitungen ordentlich mit an: Jan-Philipp „Schnecke" Kalla röstet und schneidet Baguette für Baguette, hievt die bis oben gefüllten Töpfe in dem engen Raum zwischen Verkaufstresen, Arbeitsfläche und den Kochplatten hin und her.

"Bei uns im Verein sind die vielen Geflüchteten in Hamburg ein großes Thema. Letzten Sommer als die Messehallen-Erstaufnahme unmittelbar neben dem Millerntor eingerichtet wurde, haben wir als Mannschaft zusammen mit den Kiezrabauken die Flüchtlingskinder mit einer Hüpfburg und einer Torwand besucht. Wir wollten einfach mal für einen Moment ablenken. Keiner von uns kann sich vorstellen, was das bedeutet, wenn man sein komplettes Leben in einen Rucksack packt, seine Heimat hinter sich lässt und in eine ungewisse Zukunft loszieht", erklärt er, während er eine Ladung Plastiklöffel griffbereit positioniert. "Es war bedrückend zu sehen, wie die Menschen dort in der riesigen Messehalle untergekommen waren. Man fühlte sich so hilflos." Langsam sammeln sich die ersten Bewohner, selbstgemachte Pasten mit Paprika, Knoblauch und Erdnuss werden auf dem Verkaufstresen zum Würzen angerichtet.

Dann geht es los. Die Security-Angestellten in leuchtenden, neongelben Westen kontrollieren in diesen Stunden keine Bewohner-Ausweise, sondern reichen den Kindern vorsichtig die Pappschüsseln mit dampfender Ful hinunter und springen immer mal wieder beim Übersetzen ein. Es geht ganz ruhig zu, auch wenn die Schlange nie abreißt. Zwischendurch bleibt hin und wieder Zeit für einen kurzen Plausch. Khaled aus Pälestina ist seit fünf Wochen in Deutschland und erklärt, dass es ihm recht leicht fällt, Deutsch zu lernen, schließlich ähnelt die Sprache dem Englischen. "Genitiv, Dativ, Akkusativ – das muss man lernen. Aber das ist kein Problem", erklärt er selbstbewusst. Wir treffen Hussam aus Syrien wieder, der letzten Sommer einer von über tausend Bewohnern in den Messehallen war und nun in der Ohlstedter Unterkunft lebt. Er hat vor wenigen Tagen seine Aufenthaltserlaubnis erhalten und strahlt übers ganze Gesicht. Am liebsten würde er nun in eine WG mit Hamburgern ziehen.

Nach drei Stunden geht es wieder Richtung Innenstadt, während Nunu mit dem letzten großen Topf im Foodtruck noch die Stellung hält und Portionen verteilt. Mit dem Auto dauert die Fahrt eine knappe Stunde, alle sind ganz schön platt. Schnecke Kalla macht mit seinem Smartphone ein Foto von seinem rechten Mittelfinger. Nahaufnahme, denn dank eines brühend heißen Topfdeckels wird ihn eine mehr als erbsengroße Brandblase direkt unterhalb des Fingernagels die nächsten Tage noch schmerzhatt an diesen besonderen Einsatz abseits des Fußballfeldes erinnern. Aber das spielt für ihn in diesem Moment keine große Rolle. "Man sollte viel häufiger mit anpacken und Gutes tun, statt zuhause auf dem Sofa zu sitzen." sagt er nachdenklich. Da stimmen wir still nickend zu. Der FC St.Pauli zeigt sich wie so oft von seiner sozialen Seite.

INTERVIEW MIT... SILBERMOND

POP-ROCK-BAND BESTEHEND AUS ANDREAS NOWAK, STEFANIE KLOSS, THOMAS STOLLE & JOHANNES STOLLE

1 // WIE SEID IHR ZUR MUSIK GEKOMMEN, UND WIE HABT IHR EUCH ALS BAND GEFUNDEN? GIBT ES BESTIMMTE ZIELE MIT DER BAND?

JOHANNES: *Wir kennen uns als Band seit 1998 und haben uns in unserer Heimatstadt Bautzen bei einem musikalischen Jugendprojekt kennengelernt. Damals waren wir gerade mal 14 und hätten nie gedacht, dass wir einige Jahre später schon so viel erlebt hätten. Am Anfang war das Ziel, ein bis zwei Mal in der Woche zu proben. Danach war das Ziel, mal ein Konzert in Bautzen zu spielen – und so haben wir in kleinen Schritten geträumt und tun es heute noch.*

THOMAS: *Aber auch nach all den Jahren bleibt es immer das größte und wichtigste Ziel, am Ende des Tages mit dem, was du tust, glücklich zu sein und deinen Horizont immer wieder neu zu entdecken und zu überwinden.*

2 // SEIT JAHREN ENGAGIERT IHR EUCH FÜR VERSCHIEDENE PROJEKTE UND POSITIONIERT EUCH KLAR GEGEN RASSISMUS UND FASCHISMUS. ES SCHEINT, ALS SEI ES NIE WICHTIGER GEWESEN ALS HEUTE, STATEMENTS ZU SETZEN. WOHER KOMMT DIESES ENGAGEMENT UND WIE IST DAS FEEDBACK IN EUREM UMFELD?

STEFANIE: *Schon zu Zeiten, als wir als Band noch nicht bekannt waren, kamen immer mal wieder Leute auf uns zu, wenn es darum ging, Benefizkonzerte zu unterstützen oder zu organisieren, um Geld zu sammeln für Menschen, die es dringend brauchen. Wir haben schon damals nicht lange gezögert zuzusagen. Es war für uns irgendwie selbstverständlich, mit unserer Musik zu helfen. Ob es während der Oder-Flut 2002 war oder bei verschiedenen Veranstaltungen gegen Rechts.*

ANDREAS: *Als wir dann bekannter wurden, haben die Anfragen für gute Projekte immer mehr zugenommen und wir haben angefangen ein paar Organisationen langfristig und intensiv zu supporten. Darunter „Laut gegen Nazis“ und auch die „Amadeo Antonio Stiftung“. Unsere Fans sind dabei die besten Unterstützer, die man sich nur wünschen kann. Sie sind engagiert und aktiv dabei, wenn es darum geht, unsere Aktionen zu streuen oder zu realisieren.*

3 // FINDET IHR, DASS SICH GENUG PROMINENTE KLAR POSITIONIEREN UND IHREN EINFLUSS NUTZEN?

THOMAS: *Letzten Endes muss jeder für sich entscheiden, wie, wo und ob er sich engagiert. Viele machen es im Stillen, hängen es nicht an die große Glocke. Andere nutzen ihre Bekanntheit. Für uns ist es wichtig, dass die Leute auch wissen, welche Menschen hinter der Musik stehen, und deswegen positionieren wir uns klar und laut.*

4 // IN DIESEM JAHR GAB ES VON EUCH KLARE AUSSAGEN GEGEN EINEN BRANDANSCHLAG AUF EIN FLÜCHTLINGSHEIM IN EURER HEIMATSTADT BAUTZEN. WIE VERFOLGT IHR DIE AKTUELLE ENTWICKLUNG – EBEN AUCH IN BAUTZEN?

STEFANIE: *Ich glaube, derzeit gibt es niemanden, den die Lage da draußen nicht auch beunruhigt oder nachdenklich stimmt und vielleicht auch eine gewisse Ohnmacht fühlen lässt. Und bei all dem ist es dann doch nochmal ein intensiveres Gefühl, wenn deine eigene Heimatstadt in den Schlagzeilen steht. Ich persönlich stelle mir dann selbst die Frage, wie das alles weitergehen soll. Wo uns diese Spirale dieser negativen Gefühle noch hinbringt. Und dann ist für mich eine klare Antwort, dass wir schauen müssen, wo das alles herkommt. Dieser Hass, diese Fremdenfeindlichkeit. Und dafür muss man miteinander reden und nicht gegeneinander hetzen. In diesen Zeiten kann man nicht nur schwarzweiß malen. Man muss differenzieren, die Graustufen beleuchten. Die Aufgabe, vor der wir als Land, aber vor allem auch persönlich als Menschen stehen, ist groß, aber machbar, wenn wir es zusammen angehen – und das sehen viele, viele Bautzener genauso. Die Ermittlungen zu dem Brand laufen noch und genau wie viele andere Städte in Deutschland macht es sich auch Bautzen zur Aufgabe, die Flüchtlinge zu integrieren, um vielleicht irgendwann weitestgehend so etwas wie „Normalität“ im Zusammenleben hinzubekommen.*

5 // GERADE IN DEUTSCHEN GROßSTÄDTEN PROFITIEREN WIR VON DER UNGLAUBLICHEN VIELFALT AN AUSLÄNDISCHEN RESTAURANTS UND KULTUREN. GIBT ES BEI EUCH AUSLÄNDISCHE LIEBLINGSGERICHTE? WAS KOCHT IHR SELBER GERN?

ANDREAS: *Ich genieße es wirklich sehr, dass in einer Stadt wie Berlin die kulinarische Welt so bunt und vielfältig ist. Ich probiere gerne immer alles aus und liebe es auch selbst zu kochen. Ich mag Kimchi und Algensalat, Humus und Linsensuppe und all die leckeren Gewürze, die man oft in der arabischen Küche verwendet.*

6 // WAS GIBT ES BEI EUCH AUF TOUR ZU ESSEN UND WIE GUT IST DIE QUALITÄT? GIBT ES CATERING, HABT IHR EINEN EIGENEN KOCH ODER KOCHT IHR SOGAR SELBST?

JOHANNES: *Um selbst zu kochen, dazu ist die Zeit leider nicht da. Deswegen haben wir auf Tour ein festes Catering-Team dabei, das unsere Crew und uns jeden Tag mit ganz viel Herz umsorgt. Wir achten natürlich auf die Qualität der Lebensmittel und gerne auch auf saisonale Gerichte. Da unser Koch aber auch schon oft im Ausland unterwegs war, gibt es immer mal wieder internationale Rezepte, sodass es jeden Tag abwechslungsreich und spannend bleibt.*

7 // GIBT ES EINE BESONDERE GESCHICHTE IM ZUSAMMENHANG MIT ESSEN ODER KOCHEN FÜR EUCH?

STEFANIE: *Als ich 14 oder 15 war haben sich meine Eltern einen Wok zugelegt. Das war damals noch recht „neu“ und sie haben damit verdammt leckere Sachen gekocht. Als ich dann irgendwann meine erste eigene Party zu Hause hatte, wollte ich unbedingt auch was im Wok machen. Also haben sie mir ein paar Tage davor alles beigebracht, was ich wissen musste. Das war einer der schönsten Kochabende, den ich mit meinen Eltern hatte!*

INTERVIEW MIT... LAUT GEGEN NAZIS

GRÜNDER JÖRN MENGE & PROJEKTMANAGERIN TINA ENGELS

MIT MUSIK & AUFKLÄRUNG
FÜR MEHR TOLERANZ

SEIT 2004 LEISTET DER VEREIN „LAUT GEGEN NAZIS" AKTIVEN WIDERSTAND GEGEN DEN WACHSENDEN RECHTSEXTREMISMUS IN DEUTSCHLAND. MIT SOLIDARITÄT, KREATIVITÄT UND PROMINENTEN UNTERSTÜTZERN MACHT DER VEREIN SEINE KAMPAGNE SICHTBAR – UND UNTERSTÜTZT ANDERE INITIATIVEN IN GANZ DEUTSCHLAND, DIE SICH FÜR EIN RESPEKTVOLLES MITEINANDER EINSETZEN. EIN GESPRÄCH MIT GRÜNDER JÖRN MENGE UND PROJEKTMANAGERIN TINA ENGELS.

1 // WIE GENAU SIEHT EURE ARBEIT AUS?

JÖRN: *In der Hauptsache organisieren wir Konzerte mit prominenten Acts wie zum Beispiel Gentleman, Die Fantastischen Vier, Sportfreunde Stiller, Silbermond oder Revolverheld. Die Konzerte veranstalten wir in den Nazi-Hochburgen in ganz Deutschland – von Passau bis Freital. Wir wollen damit den vielen Menschen den Rücken stärken, die sich tagtäglich gegen Nazis engagieren. Und laut sein.*

TINA: *Wir leisten aber auch viel Aufklärungsarbeit, zum Beispiel mit Infoständen auf Großveranstaltungen. Außerdem bieten wir Workshops an Schulen an, in denen wir auf die Verbreitung rechtsextremen Gedankengutes aufmerksam machen. An einigen Standorten haben wir auch Beratungsstellen für Opfer rechter Gewalt eingerichtet. Und nicht zuletzt klären wir im Internet auf, etwa auf unserer Facebookseite oder in Blogs. Gerade da ist die Schwelle zur Hetze besonders gering.*

2 // INWIEFERN HAT SICH EURE ARBEIT IN DEN JAHREN SEIT DER GRÜNDUNG VERÄNDERT?

JÖRN: *Den Springerstiefel-Nazi mit Glatze gibt es heute nicht mehr. Einen Nazi erkennt man also nicht mehr auf den ersten Blick. Manche Leute glauben deshalb, dass es heute gar keine Nazis mehr gibt. Das ist gefährlich. Es gibt eine Untersuchung, die besagt, dass rund 30 Prozent aller Deutschen anfällig sind für Nationalstolz, Fremdenhass und Antisemitismus. Nationalstolz ist wieder salonfähig geworden. Das hat eine neue Qualität erreicht. Außerdem nutzen Nazis heute andere Kanäle, um sich zu organisieren und mitzuteilen. Darauf haben wir uns eingestellt.*

TINA: *Wir haben über die Jahre immer dazugelernt. Auch die Vernetzung mit den Initiativen vor Ort ist heute besser als je zuvor. Deshalb gelingt es uns immer besser, Begegnungen zu schaffen. Denn daran mangelt es ja vor allem in der Lebenswelt vieler Deutscher. Dabei hilft uns natürlich die Unterstützung von Prominenten sehr. Wir arbeiten ja nicht nur mit Musikern zusammen, sondern haben auch Schauspieler wie Peter Lohmeyer oder Starköche wie Tim Mälzer dabei. Und mit dem FC St. Pauli einen Partner aus dem Sport.*

3 // INWIEWEIT MACHT SICH DIE AKTUELLE FLÜCHTLINGSWELLE IN EURER ARBEIT BEMERKBAR?

JÖRN: *Ich mag den Flüchtlingsbegriff nicht sehr gerne. Ich spreche lieber von Schutzbedürftigen. Wir nehmen wahr, dass im Zuge der Einwanderung die Aggressivität von rechts stark zugenommen hat. Und dass wir in vielen Orten umso stärker gebraucht werden.*

TINA: *Wir fahren in die Orte, in denen Unterkünfte errichtet werden und suchen den Dialog mit den Nachbarn. Wir wollen diskutieren, informieren und Ängste abbauen und haben dafür den Titel „Counter Speech"-Tour gewählt. Man könnte es auch Besorgte Bürger-Sprechstunde nennen. Für den Spaß und eine tolle Show sorgen Leslie Clio und die syrischen Band Anas Maghrebi.*

4 // WELCHE WÜNSCHE HABT IHR FÜR DIE ZUKUNFT?

TINA: *Dass man uns irgendwann nicht mehr braucht. Denn dann hätten wir unser Ziel erreicht.*

JÖRN: *Bis es soweit ist, werden wir weiter jeden einzelnen Tag laut gegen Nazis sein und wir freuen uns über jeden, der sich uns zur Seite stellt.*

LAUT GEGEN NAZIS

IN HAMBURG
SAGT MAN MOIN
refugees welcome
Laut gegen Nazis

ORGANISATIONEN

IM ÜBERBLICK & HIER IMMER GERNE SPENDEN ;-)

LAUT GEGEN NAZIS E. V.

IBAN // DE 38 2005 0550 1261 1779 25
BIC // HASPDEHHXXX
HAMBURGER SPARKASSE

WWW.LAUTGEGENNAZIS.DE

SEA-WATCH E.V.

IBAN // DE 77 1002 0500 0002 0222 88
BIC // BFSWDE33BER
BANK FÜR SOZIALWIRTSCHAFT BERLIN

WWW.SEA-WATCH.ORG

VIVA CON AGUA DE SANKT PAULI E.V.

IBAN // DE 58 2005 0550 1268 1351 81
BIC // HASPDEHHXXX
HAMBURGER SPARKASSE

WWW.VIVACONAGUA.ORG

KIEZHELDEN

FC ST. PAULI VON 1910 E.V.
HARALD-STENDER-PLATZ 1
20359 HAMBURG

WWW.KIEZHELDEN.COM

ÜBER DEN TELLERRAND E.V.

IBAN // DE 17 4306 0967 1170 3641 00
BIC // GENODEM1GLS
KREDITINSTITUT GLS GEMEINSCHAFTSBANK EG

WWW.UEBERDENTELLERRAND.ORG

NEVEN SUBOTIC STIFTUNG

IBAN // DE 44 4416 0014 4040 1909 00
BIC // GENODEM1DOR
DORTMUNDER VOLKSBANK

WWW.NEVENSUBOTICSTIFTUNG.DE

KIEZKÜCHE // REFUGEES WELCOME

KONZEPT & IDEE // Kiezküche GmbH
GESAMTGESTALTUNG // Rabea Meyer, Rezepte: Christian Brockes
TEXTE // Sebastian Meißner, Sünje Nicolaysen, Sandra Vartan
REZEPTE // Thomas Elstermeyer u. a.
FOTOS // John Brömstrup | Jean Graisse c/o Syndikat Artists, Martin Kess
BILDBEARBEITUNG // Martin Kess
BILDNACHWEISE // S. 6: (Bela B) Konstanze Habermann // S. 8: FC St. Pauli // S. 10: (Alex Mofa Gang) Victor Schanz; (Talco) Sparta Photography; (Octopizzo) Stefan Groenveld // S. 26: Anabel Huber // S. 58: Jessika Wollstein // S. 67: (Gründerfoto) Dirk Eisermann S. 76: (Firas Alhater) Juusu Santala // S. 84: Ariane Gramelspacher // S. 88: Sandra Gätke // S. 96: Stefan Groenveld S. 100/101: Farhad // S. 108 Sebastian Hufeld
STYLING // Nadja Brvar
LEKTORAT // Kiezküche GmbH
DRUCK // NordMEDIA - Agentur für Medien & Druck

Printed in Germany
ISBN 978-3-9817671-2-4

www.kiezkueche.com

// HAMBURGER ABENDBLATT

„GESCHICHTSWERK, ROMAN UND KOCHBUCH IN EINEM. DER BAND GIBT DEM KIEZ EIN GESICHT."

// ESSEN & TRINKEN

„KIEZKÜCHE ST.PAULI NIMMT UNS MIT IN DEN BEKANNTESTEN STADTTEIL HAMBURGS, ZEIGT SEINE KULINARISCHE VIELFALT UND VERZAUBERT MIT GESCHICHTEN UND AUTHENTISCHEN BILDERN."

// FAZ

„EIN KULINARISCHER SCHMÖKER DER ATMOSPHÄRISCHEN ART. KIEZKÜCHE ERWEITERT DEN KULT UM DAS HAMBURGER SZENEVIERTEL."

KIEZKÜCHE ST. PAULI // ISBN: 978-3-9817671-1-7 // € 29,90 (D)

// ARD

„DIE KIEZKÜCHE IST MEHR ALS EIN KOCHBUCH. ES SIND GESCHICHTEN ÜBER KÖCHE UND KÜCHEN, DIE ES SO WOHL NUR IN KREUZBERG UND NEUKÖLLN GIBT

// LECKER.DE

„TOLLE REZEPTE, TOLLE GESCHICHTEN, TOLLE BILDER – DIE KIEZKÜCHE ÜBERZEUGT AUF GANZER LINIE."

// QIEZ

„DIE KIEZKÜCHE IST VIEL MEHR ALS EINE REZEPTSAMMLUNG, SONDERN REISEFÜHRER, STADTPORTRAIT UND GESCHICHTENSAMMLUNG IN EINEM."

KIEZKÜCHE KREUZBERG & NEUKÖLLN // ISBN: 978-3-9817671-0-0 // € 29,90 (D)

// NDR

„DIE KIEZKÜCHE SCHAFFT MIT DIESEM BUCH NACHHALTIGES FÜR GEFLÜCHTETE."

// RTL NORD

„DIE KIEZKÜCHE REFUGEES WELCOME BAUT EINE BRÜCKE ZWISCHEN DEN GEFLÜCHTETEN UND DEN LESERN."

// STERN.DE

„DIE KIEZKÜCHE MACHT NEUGIERIG – AUF UNBEKANNTE REZEPTE, ABER AUCH AUF DIE GESCHICHTEN DAHINTER. EIN GELUNGENES PROJEKT."

KIEZKÜCHE REFUGEES WELCOME // ISBN: 978-3-9817671-2-4 // € 24,90 (D)

KEVIN GAVE SINGLE-USE CAMERAS TO REFUGEES HE MET IN IZMIR, LESBOS, ATHENS AND IDOMENI. 3 MONTHS LATER, 7 OUT OF 15 CAMERAS CAME BACK IN THEIR PREPARED ENVELOPES: 1 CAMERA GOT LOST, 2 GOT CONFISCATED BY THE BORDER AUTHORITIES AND ANOTHER 2 ARE STILL IN IZMIR, BECAUSE THE REFUGEES FAILED TO REACH THE SHORES OF A GREEK ISLAND. 3 OTHER CAMERAS AND REFUGEES ARE MISSING UNTIL TODAY.

WITH THIS PHOTOGRAPHY PROJECT KEVIN TRIES TO GIVE ONE OF THE BEST DOCUMENTED HISTORIC EVENTS OF OUR TIME A NEW PERSPECTIVE – AND LAST BUT NOT LEAST THE REFUGEES THEMSELVES THE OPPORTUNITY TO DOCUMENT THEIR OWN JOURNEY THROUGH PHOTOGRAPHY. LETS TRY TO SEE THE INDIVIDUAL BEHIND THE ANONYMOUS CONCEPT OF A "REFUGEE".

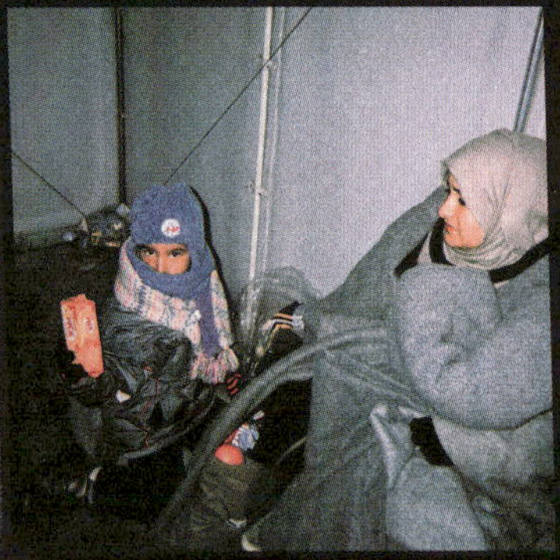

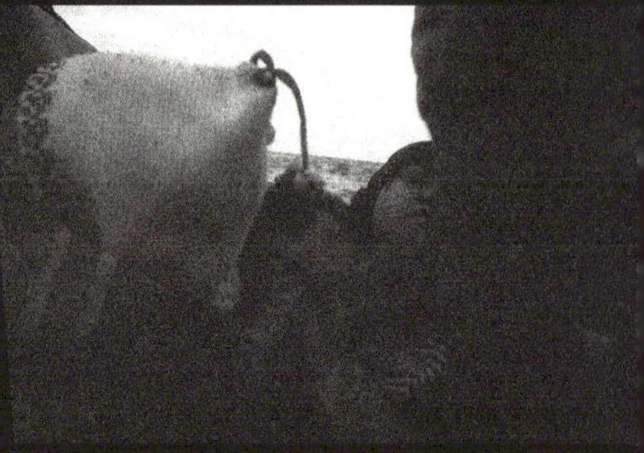